KB267433

구약성서를 사랑하도록 도와준

밀라드 린드Millard Lind에게

이 책을 헌정합니다.

하나님의 전쟁
The Way God Fights

구약성서에서의 전쟁과 평화

로이스 바렛

Lois Barrett

전남식 옮김

하나님의 전쟁 004

지은이	로이스 바렛 Lois Barrett
옮긴이	전남식
초판발행	2012년 2월 1일

펴낸이	배용하
책임편집	박민서
등록	제364-2008-000013호
펴낸곳	도서출판 대장간
	www.daejanggan.org
	대전광역시 동구 삼성동 285-16
	전화 (042) 673-7424 전송 (042) 623-1424

ISBN	978-89-7071-246-8

 값 5,500원

차 례

옮긴이 서문

『가정교회 세우기』미션월드 라이브러리 역간의 저자 로이스 바렛이 쓴 본서 『하나님의 전쟁』은 헤럴드 출판사 '평화와 정의 시리즈'의 첫 번째 책이다. 본서는 구약성서에 나타난 전쟁 언어를 어떻게 해석해야 할지에 대한 저자의 고민우리들의 고민이기도 하다을 풀어내고 있다. 구약의 전쟁 언어를 풀어내는 방법은 여러 가지가 있을 것이다. 전쟁의 신으로 묘사되고 있는 구약의 야훼 하나님을 폐기하든지, 시대가 변함에 따라 하나님도 변했다고 변명하든지, 혹은 평화는 철저히 사적 영역에 국한하고 국가 간의 이익을 위해서라면 과감히 전쟁에 뛰어들어 국가를 수호해야 한다는 이중적 입장을 취하든지.

하지만, 이러한 입장들은 모두 성경이나 성경 속의 하나님, 그리고 그를 믿는 우리의 신앙 자체를 모순으로 몰아갈 뿐이다. 모든 성경은 하나님의 감동으로 된 것이라고 말하면서 구약성서를 무시하는 것이며, 사랑의 하나님, 평화의 하나님을 말하는데 전사Warrior로서의 하나님을 말하는 것이 껄끄럽기 때문이다. 그래서 우리는 구약의 하나님뿐만 아니라 신약의 예수 역시 비폭력 비저항을 지지한 인물이 아니라, 오히려 필요할 때는 폭력을 휘두르기도 했던 인물이었다고 말하려고 한다. 개개인에게는 사랑과 자비로 상대하셨지만, 국가나 종교 지도자들에게는 채찍을 들었던 분이라고 말해야 마음이 편하다. 신약성서 전반에 걸쳐, 특히 요한계시록에는 전쟁 언어로 가득 넘치지 않는가! 라고 주장한다. 이도 저도 아니면, 그저 예수는 국가나 구조적 모순에는 철저히 무관심하거나 순응적 태도를 견지했고, 오로지 개인의 윤리적, 종교적 측면에만 관심을 둔 인물로 축소하면서 안도의 한숨을 내쉰다.

저자는 이러한 모순처럼 보이는 성경 속의 전쟁 언어를 고대 근동 사회와 이스라엘을 비교함으로써 분석하고 있다. 즉 저자는 전쟁 언어를 자세히 살펴보면 하나님은 전쟁이 아닌 평화를 원하고 있음을 알 수 있다고 말한다. 즉 이 전쟁은 최첨단 무기와 군대를 바탕으로 한 막강한 군사력을 통해 평화가 임하는 것이 아니라, 하나님께서 싸우시는 전쟁은 하나님의 전쟁이기 때문에 세상의 방식이 아닌 하나님의 방식으로 싸우는 전쟁을 신뢰해야 한다. 하나님의 전쟁은 활과 창, 병거와 말을 의지하는 전쟁이 아니다. 그분은 칼sword이 아니라 말씀word으로 싸우시는 분이시다. 하나님이 우리 편이시기에 우리의 무기sword로 그 전쟁에 참여하여 승리를 얻는 것이 아니라, 오히려 하나님의 말씀(word)을 신뢰하기에 우리의 무기를 내려놓아야 한다. 이것이 바로 하나님의 전쟁이요, 그렇기에 거룩한 전쟁holy war이다.

나아가 하나님의 전쟁에 대해 우리가 취해야 하는 자세는 철저히 하나님의 말씀을 신뢰하는 것이다. 성경을 하나님의 말씀으로 믿어야 하며, 성경이 말하는 하나님의 일하시는 방식을 신뢰해야 한다.

누가복음에 보면 아우구스투스가 황제였을 때 호적 등록 칙령을 내렸다. 로마 역사의 최고 권력자였던 줄리어스 시저의 조카 손자이자 양아들이었던 옥타비아누스가 황제가 되면서 로마의 권력은 더욱 극대화되었다. 팍스 로마나!Pax

Romana! 그의 비문에는 "아우구스투스 신이시여, 땅과 바다의 주인이요, 신의 아들….' 이란 문구가 있을 정도로 그는 신적 권력을 누렸다.

이때에 천사가 목자들에게 나타나 예수의 탄생을 알렸다. 전쟁을 선포하는 천사 가브리엘이 목자들에게 "두려워 말라"고 말을 하였는데, 이는 전쟁을 앞두고 군인들에게 사기충천을 위해 외치는 돌격 함성war cry이었다. 이제 전쟁이 시작된다는 것이다. 하나님의 전쟁!

아우구스투스가 최고 병력으로 세계를 제패하고 있을 당시에, 하나님의 천사 군대가 하나님의 전쟁을 준비하도록 목자들을 부르고 있다. 하나님의 군대에 목자는 물론이고, 마리아와 요셉, 사가랴와 엘리사벳, 요한 같은 연약하기 그지없는 이들을 징집하는 것이다.

우리는 하나님의 전쟁으로 부름 받은 사람들이다. 이 전쟁은 아우구스투스의 전쟁과 다른 전쟁이다. 힘과 권력이 아니라 연약함과 십자가로 싸우는 전쟁이다. 아우구스투스가 세상의 주인이요, 구세주이며, 신의 아들이라고 말하는 시대에, 우리는 예수만이 세상의 주인이요, 구세주이며, 예수만이 하나님의 아들임을 선포해야 하는 사람들이다. "오늘 다윗의 동네에서 너희에게 구주가 나셨으니 그는 곧 그리스도 주님이시다…. 더없이 높은 곳에서는 하나님께 영광이요, 땅에서는 주님께서 좋아하시는 사람들에게 평화로다"눅2:11,14

하나님께 영광을 돌리고, 땅에 평화를 이루기 위한 길을 누가는 다음과 같이 말하고 있다. "너희는 한 갓난아기가 포대기에 싸여 구유에 뉘어 있는 것을 볼 터인데, 이것이 너희에게 주는 표징이다"눅2:12

예수가 우리의 표징이다. 포대기에 싸여 구유에 뉘어 있는 아기 예수가 하나님의 전쟁을 위한 모델이다. 바로 그때 하늘 군대가 나타나서 하늘엔 영광, 땅에는 평화를 선포하였다. 그리스도의 평화. Pax Christi

이 땅은 전쟁을 말해야 인정받고, 그래야 안전이 보장되는 것처럼 말한다. 하지만, 이러한 목소리는 하나님께 오는 것이 아니다. 세상의 소리요, 공중 권세 잡은 자들의 외침이다. 두려워하지 마라. 우리는 승리의 하나님께서 싸우시는 전쟁에 참여하는 용사다. 칼이 아니라 사랑과 낮아짐으로, 십자가로 싸우기로 결단한 사람들이다. 우리에겐 부활의 소망이 있다. 영원히 무너지지 않을 하나님 나라가 있다. 그것을 믿는다면 이제 우리의 입장은 공고할 수밖에 없다. 세상이 지금 우리를 현혹할지라도, 그렇게 싸우는 것은 너무 낭만적이고, 비현실적이고, 이상적이며, 말도 안 될 뿐만 아니라, 이런 현실에서 그런 목소리를 내는 것은 빨갱이나 좌빨들이 하는 짓거리라고 말할지라도, 우리는 두려워하지 말아야 한다. 쫄지마!

2012년 설날 '꿈이있는교회'에서

전 남 식

서 문

전쟁과 평화는 이모저모로 우리의 삶과 연결되어 있다. 정부는 군사 훈련, 총, 탱크, 전투기 또는 미사일 등에 사용되는 비용을 위해 세금을 부과한다. 우리는 지도자들이 사람들을 살해하는 방법을 가르치는 군대라는 곳에서 복무하도록 요청을 받을 수 있다. 갈등을 해결하는 더 나은 방법이란 존재하지 않는 것일까? 어떻게 분노와 증오, 불의를 종식할 수 있을까? 어떻게 정의와 의, 세계의 안전을 위해 사역할 수 있을까? 그로 말미암아 평화를 세울 수 있을까? 저자는 일차적으로 구약에서 하나님이 일하셨던 방법을 보여주고 있다. 그녀는 믿음의 백성을 돕는 하나님의 방법으로서 거룩한 전쟁holy war의 개념을 설명하고 있다. 승리를 위한 열쇠는 하나님을 신뢰하는 것이지 군사적 능력을 신뢰하는 것이 아니다. 하나님께서 싸우셨다. 믿음과 순종이 요청되었고, 하나님께서 승리를 가져오실 수 있었다.

그러나 전사warrior로서의 하나님은 성경이 하나님을 묘사하기 위해 사용하는 이미지 가운데 하나일 뿐이다. 다른 것들은 바람, 불, 빛, 목자, 토기장이, 암탉과 여주인 등의 이미지가 있다. "구약성서는 우리에게 강력한 군대를 소유하려고 노력할 필요가 없다고 말한다"고 저자는 말한다. 갈등을 극복하려면 "우리는 하나님의 권세를 신뢰해야지 인간의 폭력을 신뢰해서는 안 된다."

저자는 구약이 전쟁을 지지한다는 개념에 이의를 제기한다. 그녀는 하나님께서 어떻게 이스라엘 백성이 악을 이기도록 무익한 인간의 폭력으로부터 떠나 하나님의 능력을 신뢰하도록 부르셨는지를 보여준다. 또한, 신약이 우리가 원수를 이기기 위해 하나님을 신뢰해야 한다는 원리 위에 어떻게 세워져 있는지를 보여준다.

이 책 『하나님의 전쟁』은 「평화와 정의」 시리즈 중 첫 번째 책이다. 두 번째 책 『초기 그리스도인이 본 전쟁과 평화』는 KAP에서 출판하였다-편집자주 이 시리즈는 메노나이트 선교부Mennonite Board of Mission, 메노나이트 출판국Mennonite Publishing House,

회중사역부Board of Congregational Ministries의 모든 평화부서
와 메노나이트 중앙 위원회Mennonite Central Committee 등 메
노나이트 모든 기관이 위탁한 것이었다. 이 시리즈의 목적은
메노나이트의 학문적인 저술들과 전쟁을 지지하면서 평화를
말하는 편협한 시각의 복음주의 문헌 사이에 가교를 놓는 것
이다. 이 주제를 더 깊이 연구하기를 희망하는 사람들은 본서
마지막의 "더 깊은 연구" 페이지에 열거된 참고도서 목록을
참조하면 좋을 것이다.

J. 알렌 브루베이커

「평화와 정의」Peace and Justice 시리즈 편집장

1부

구약성서에서의 전쟁과 평화

1장

하나님의 전쟁으로서 거룩한 전쟁Holy War

　　성경을 읽다 보면 전쟁과 평화 두 가지 개념을 모두 접할 수 있다. "원수를 사랑하라"마5:44고 말씀하신 예수님을 만난다. 죽음에 자신을 내어 주신 예수님을 보게 된다. 예수께서 체포당하셨을 때 제자들에게 칼로 저항하지 못하게 하신 바로 그 예수님을.요18:10-11,36

　　이사야서에서 우리는 정의로 자신의 백성을 통치하실 새로운 왕에 대해 읽을 수 있다. 늑대와 양이 함께 어우러지는 평화가 임할 것이다.사11:1-9 이사야는 유다 백성이 자신들의 국가를 방어하기 위해 이집트 군대로부터 오는 원조를 의지하지 말고 하나님을 의지하라고 요청했다. "너희는 회개하고 마음을 편안하게 하여야 구원을 받을 것이며, 잠잠하고 신뢰하여야 힘을 얻을 것이다."사30:15

그러나 구약을 펼치면 전사戰士로서의 하나님과 맞닥뜨린다.출15:3 가나안 도성들과 전쟁을 벌이는 이스라엘 백성에게 그곳에 사는 모든 백성을 죽이라고 명령하시는 하나님도 알게 된다.여호수아 8장을 보라 평화를 사랑하시는 하나님께서 어찌하여 전쟁을 명령하실 수 있단 말인가? 예수께서는 평화적인 분이시며 모든 백성을 구원하기를 원하신다는 사실을 우리가 잘 알고 있는데! 그런데 어찌 그런 분이 원수를 죽이라고 말씀하시는 하나님의 아들이란 말인가?

오랜 세월에 걸쳐 그리스도인들은 이에 대한 해답을 제시해 왔다. 누군가는 말했다. "우리는 사랑과 평화의 인격체이신 예수를 믿습니다. 하나님의 마음이 변하신 것이 분명합니다. 하나님은 이스라엘이란 국가에게 어떤 일을 하라고 말씀하셨습니다. 이제, 예수님을 통해 하나님은 우리에게 다른 것을 말씀하고 계십니다."

또, 누군가는 말한다. "신약의 사랑의 하나님과 구약의 전쟁의 하나님을 조합할 방법은 없습니다. 따라서 우리는 구약에 집중할 필요가 없지요. 그저 신약만 읽으면 됩니다."

또 다른 사람들은 말할 것이다. "신약과 구약은 모두가 우리에게 옳은 일을 행하라고 말씀하고 있습니다. 예수님은 사람들에게 서로 화평 중에 행할 것을 가르치시지만, 국가나 통치자들이 어떻게 행해야 할지에 대해서는 아무런 말씀도 하지 않으십니다. 우리는 예수를 따를 것이며 우리가 아는 사람들과 평화하며 살아갈 것입니다. 그러나 동시에 국가가 전쟁에 참전하는 것을 지지할 것입니다. 왜냐하면, 하나님은 이스라엘 국가에 그 일을 허락하셨기 때문이지요."

또 누군가는 다음과 같이 말할 것이다. "성서는 믿음의 사람들과 하나님이 서로 어떤 관계를 맺고 있는지 말합니다. 초기 이스라엘 백성은 예언자들이나 예수 혹은 바울뿐만 아니라 하나님도 제대로 이해하지 못했지요. 인류는 시간이 흐르면서 하나님을 더 잘 이해하게 되었습니다. 이제 우리는 하나님께서 평화를 원하신다는 것을 이해하게 되었습니다. 비록 초기 이스라엘 백성은 하나님은 전쟁을 원하신다고 생각했었다 할지라도 말이지요."

이러한 개념들은 실제로 우리에게 정답이 될 수 없다. 구약은 전쟁으로 가득 차 있고, 신약은 평화로 가득 차 있다고 말한다면 해답을 찾기 더 쉬울지도 모른다. 하지만, 그것은 올바른 답이 아니다. 신약성서에서조차도 전쟁에 대한 개념들을 찾아볼 수 있다. 요한계시록만 봐도 악의 세력을 이기신 어린 양의 전쟁에 대해 찾아볼 수 있다. 예수께서 몸소 구약의 전투적 외침을 사용하셨다. "두려워 말라. 내가 너와 함께 함이다." 예수의 모친 마리아 찬가눅1:46-55는 예수께서 제왕들을 왕좌에서 끌어내리시며 비천한 사람을 높이실 것이란 기대감으로 충만해 있다.

구약성서에서, 예언자들은 장차 올 평화를 목격했다. 하나님은 기드온의 군대가 나팔과 항아리를 사용해 미디안 족속들을 물리치게 하셨지, 창과 또 다른 무기로 하신 것이 아니었다! 또한, 구약성서에서 하나님을 '만군의 주' 모든 군대의 주인라고 불렀으며, 이 호칭은 이전 시대에 기록된 성경에서보다 예언서에서 더 많이 등장한다. 우리는 성경, 특히 구약성서에서 발견할 수 있는 전쟁과 평화에 대한 서로 다른 개념들을 어떻게 조합할 수 있을까? 어떻게 전사로서의 하나님과 평화의 왕을 동시에 예배할 수 있을까?

그렇다고 구약성서를 포기할 수도 없다. 구약성서를 빼놓고는 신약을 제재로 이해할 수 없기 때문이다. 유대 백성의 역사가 존재하지 않는다면, 유대인 예수를 이해할 수도 없다. 예수께서 몸소 말씀하셨지 않았는가. "내가 율법이나 예언자들의 말을 폐하러 온 줄로 생각하지 마라. 폐하러 온 것이 아

니라 완성하러 왔다.”마5:17

또한, 우리가 구약성서를 신중하게 연구한다면, 전쟁이 항상 선한 것은 아니라고 말씀하고 있음을 깨달을 수 있을 것이다. 구약성서가 항상 군사들이나 왕을 세운 것은 아니었다. 사실, 하나님은 특정한 종류의 전쟁만을 원하셨음을 알 수 있다. 종종 그런 전쟁은 “거룩한 전쟁”holy war이라고 부른다. 사람들의 전쟁이 아닌 하나님의 전쟁이기 때문에 “거룩한” 것이다.

2장

출애굽과 하나님의 전쟁

구약성서에 나타난 가장 중요한 "거룩한 전쟁"은 이집트로부터 히브리인들의 출애굽탈출이라 할 수 있다. 율법서, 예언서, 그 외 저술들을 포함하는 구약성서는 출애굽을 언급하고 있다. 한 민족으로서 이스라엘 백성은 출애굽을 자신들의 삶에서 가장 중대한 사건으로 바라보았다. 그들은 매년 유월절 절기에 출애굽을 축하하였다. 하나님께서 자기 백성을 구원하시기 위해 어떻게 역사하셨는지를 보여주는 가장 좋은 예로 그들은 출애굽을 생각했다.

그들은 시편 105편 43-45절을 기억 속에 깊이 간직하고 있었다.

이것은 그가 그의 종 아브라함에게 하신 그 거룩하신 말씀을 기억하셨기 때문이다. 그는 자기 백성을 흥겹게 나오게 하시며 그가 뽑으신 백성이 기쁜 노래를 부르며 나오게 하셨다. 그들에게 여러 나라의 땅을 주셔서, 여러 민족이 애써서 일군 땅을 물려받게 하셨다. 이것은 그들에게 그의 율례를 지키고 그의 법을 따르게 하기 위함이었다. 할렐루야!

출애굽기는 이집트에 있던 히브리 노예들이 탈출한 사건을 보여주고 있는데, 출애굽은 그들 자신의 행동 때문이 아니라 하나님이 역사 하셨기 때문에 가능한 일이었다. 하나님은 메뚜기 떼와 파리 떼 그리고 기타 여러 재앙을 이집트에 내리셨다. 이러한 일들이 이집트의 왕 바로로 하여금 히브리 노예들을 놓아주도록 설득한 것이었다. 그 후에 바로는 마음이 변하여 기동력을 갖춘 전차 부대를 동원해 히브리인들을 뒤쫓게 하였다. 하지만, 하나님은 바람을 보내셔서 홍해의 물을 가르시고 히브리인들이 건너게 하셨으며 이집트 군대를 물리치셨다. 그럼에도 여전히 그들을 뒤쫓던 군사들과 군마들은 홍해에서 익사하고 말았다.

출애굽기 15장의 모세의 노래는 인간 영웅이 아니라 하나님의 역사 하심을 찬양하고 있다.

내가 주님을 찬양하련다. 그지없이 높으신 분, 말과 기병을 바다에 처넣으셨다. 주님은 나의 힘, 나의 노래, 나의 구원, 주님이 나의 하나님이시니, 내가 그를 높이련다. 주님은 용사이시니, 그 이름 주님[야훼]이시다.
(The Good News Bible은 하나님에 해당하는 히브리어 야훼 대신 주님을 사용하고 있다.)

이스라엘 민족은 그들이 자기 자신을 위해 싸웠기 때문이 아니라, 하나님께서 그들을 위해 싸우셨기 때문에 하나의 민족을 이루게 되었다. 사실 그들은 나라 없는 백성이었고, 군대나 무기도 없던 백성이었다. 무기는 필요치 않았다. 그 백성은 오로지 하나님께서 그들을 위한 전쟁에서 승리하실 것이란 사실을 신뢰하면 그만이었다. 출애굽기 14장 13-14절에서 모세는 백성에게 다음과 같이 말하였다.

두려워하지 마십시오. 당신들은 가만히 서서, 주님께서 오늘 당신들을 어떻게 구원하시는지 지켜보기만 하십시오. 당신들이 오늘 보는 이 이집트 사람을 다시는 볼 수 없을 것입니다. 주님께서 당신들을 구하여 주시려고 싸우실 것이니, 당신들은 진정하십시오.

모세의 노래출15장는 구약성서에서 가장 오래된 본문 중 하나이다. 문체와 언어는 주전 12세기 즈음에 쓰였음을 보여 준다. 출애굽이 일어난 시점과 같은 시기였다. 이스라엘을 위해 싸우시는 하나님이란 개념은 아주 오래된 것이다. 하나님의 백성이 자신을 보호하려고 사람을 죽이는 것은 잘못된 일이라는 사실을 배운 후에, 후대에 성경으로 기록된 것이 아니었다. 예언자들과 함께 시작한 것도 아니다. 이스라엘의 시작 때부터 그 말씀이 존재했던 것이다.

우리가 싸울 필요가 없고, 다만 우리를 구원하실 하나님만 신뢰하면 된다는 태도는 이스라엘의 조상에 관한 이야기에도 등장한다. 아브라함은 하나님께서 그에게 땅을 주실 것을 믿었으며, 그렇기에 그 땅을 위해 싸울 필요가 없었다. 하나님의 약속을 신뢰하였기 때문에 아브라함은 그의 조카 롯과 싸우지 않고 롯이 가장 좋은 땅을 취하는 것을 허락하였다. 창13:14 이하 이삭은 싸우지 않고 그랄 왕 아비멜렉에게 아무런 댓가도 요구하지 않은 채 우물을 사용할 권리를 넘겨주었다. 창26:1-33 야곱은 형 에서에게 싸우지 않고 자신과 그가 데리고 있는 사람들을 기꺼이 종으로 내주었다. 창32-33장

그 후 이집트로부터 탈출한 이스라엘 백성은 그들이 하나님을 신뢰할 때 하나님께서 그들을 구원하신다는 사실을 경험했다. 하나님의 기적은 하나님께서 이집트의 왕보다 더 위대한 통치자라는 사실을 모든 사람에게 보여주었다. 이스라엘의 하나님 야훼는 역사 가운데서 그들의 원수들로부터 자기 백성을 구원하시는 전사였다. 야훼는 비록 이스라엘 백성이 전혀 싸우지 않았음에도 그들을 구원하실 충분한 능력을 갖추고 있었다.

출애굽 사건은 구약성서에서 거룩한 전쟁에 대한 가장 훌륭한 예로 자리 잡았다. 이스라엘 백성은 전쟁 언어그들이 알고 있던 구원 언어를 사용하여 하나님께서 그 백성을 위해 행하신 일을 묘사하였다. 하나님은 이집트 바로왕 앞에서 기적"표적과 기사"을 행하셔서 노예로부터 이스라엘 백성을 해방하셨다. 하나님은 원수들에게 "떨며", "혼미하며", "마음이 녹아", "두려움과 불안"으로 가득 차게 만드셨다. 이러한 단어들은 모두가 고대 근동 지역에서 전쟁 언어의 일부분이었다.

모세는 백성에게 다음과 같은 말을 함으로 전투에 임하

게 하였다. "두려워하지 마십시오." 이것이 전투가 시작되었을 때 들을 수 있었던 외침이었다. 전쟁 언어는 새로운 의미를 갖게 되었다. 이 언어는 이스라엘이 아닌 이스라엘이 승리를 얻게 하려고 일하시는 하나님의 역사를 묘사하는 것이었다. 이것이 바로 전쟁 언어였으나, 그 언어는 전혀 새로운 방식으로 사용된 것이었다.

3장

정복과 하나님의 전쟁

이스라엘 백성이 이집트를 탈출하여 광야를 통과하는 여행을 마치고 그들은 가나안 땅으로 들어갔다. 이스라엘이 가나안에서 살았던 첫해의 이야기는 여호수아와 사사기에 기록되어 있다. 이 두 책은 전쟁에 관한 이야기로 가득 차 있다.

이곳에 기록된 이야기들은 이스라엘 부족이 이미 가나안 땅에 살고 있던 도시와 그 부족들과 치룬 전투 장면들을 보여 주고 있다. 이 전투들이 처절했음을 곳곳에서 말해 주고 있다. 때로 이스라엘 군대는 원수들의 도시에 살고 있던 모든 백성을 살육하였다.

종종 이러한 살육은 하나님께서 그들에게 명령한 것으로 보인다. 여호수아는 여리고 성을 취하기 전에 자신의 군대에게 다음과 같이 말하였다. "주님께서 너희에게 이 성을 주셨다. 이 성과 이 안에 있는 모든 것을 전멸시켜서, 그것을 주님께 제물로 바쳐라."수6:16,17 여호수아 10장 40, 42절은 말씀하고 있다.

이처럼 여호수아는 온 땅 곧 산간지방과 네겝 지방과 평지와 경사지와 그들의 모든 왕을 무찔러 한 사람도 살려 두지 않았으며, 이스라엘의 주 하나님의 명을 따라, 살아서 숨 쉬는 것은 모두 전멸시켜서 희생 제물로 바쳤다…. 주 이스라엘 하나님이 이스라엘의 편이 되어 싸우셨기 때문에 여호수아는 단번에 이 모든 왕과 그 땅을 손에 넣었다.

정복 이야기가 모두 같은 것은 아니다. 어떤 사람들은 오직 승리를 가져다주신 하나님에게만 주목한다. 그 후 이스라엘 군대는 하나님께서 이미 대적들을 혼란케 하시면 그곳에 들어가 마무리만 지으면 그만이었다. 또 다른 이야기들은 전투에서 더욱 적극적으로 싸운 이스라엘 군대에 주목한다.

이스라엘의 믿음이 변한 것이었을까? 그들이 더는 하나

님을 자신들의 전사로 생각하지 않았을까?

여호수아와 사사기에서 가장 오래된 시는 사사기 5장에 등장하는 드보라의 노래이다. 이 시는 성경에서 가장 오래된 저작물 가운데 하나이다. 대략 주전 12세기에 지어진 것으로, 이 시가 묘사했던 사건 직후에 지어진 형태로 그대로 남아 있다. 형식상 그것은 이집트와 앗시리아의 여러 종류의 승전가와 비슷하다. 모세의 노래와 달리, 드보라의 노래는 인간의 행위를 찬양한다. 이 노래는 드보라와 바락을 도우려고 찾아온 부족들을 찬양하고 있다. 그러나 이 노래는 승리에 대한 찬양을 왕에게 돌리지 않는다는 이유 때문에 이집트와 앗시리아의 승리의 노래들과는 결정적으로 다르다고 할 수 있다.

드보라의 노래에서 야훼가 전투의 지도자로 등장한다. 이 노래는 드보라를 다른 인간 지도자들보다 더 자주 언급하고 있기는 하지만, 사실상 그녀의 이름은 단지 세 번만 언급될 뿐이다. 또한, 드보라는 바락, 야엘과 전쟁에 참여하라는 요청에 응답한 여러 부족의 지도자들과 그 영광을 나누고 있다.

이 노래는 전투에서 실제로 싸운 사람들에 대해 전혀 언급하고 있지 않다. 사사기 5장 20-21절에서는 별들이 가나안 왕들과 맞서 싸웠다고 한다. 폭우가 기손 계곡에 범람하여 가나안 병거들이 물과 진흙에서 빠져나오지 못하였다. 이 노래는 전투에 참여한 이스라엘 백성에 대해 말하고 있지 않다. 이 노래에서 다른 사람을 죽인 유일한 사람은 야엘로, 그녀는 이스라엘 출신이 아닌 겐 부족 출신이었다. 그녀가 가나안 군대 지도자인 시스라가 잠이 들었을 때 그의 머리에 장막 말뚝을 박아 죽였다.

학자들은 이 이야기의 산문 형식수4:4-22은 약 2세기 이후에 형성된 것으로 믿고 있다. 이는 이스라엘 군대가 행한 전투에서 더욱 중요한 자리를 차지하고 있다. 그러나 여기에서 더 중요한 것은 실제로 대적의 지도자를 죽인 것은 야엘이었다는 사실이다. 시스라의 군마들을 혼란케 하신 분은 다름 아닌 하나님이셨다는 사실이다. 바락과 그의 군대는 단순히 시스라 군대를 추격하여 이미 혼란 속에 빠져 있던 그들을 죽였을 따름이다.

우리는 이스라엘 백성이 출애굽기에서와는 다른 방식으로 가나안에서 거룩한 전쟁을 싸우고 있음을 볼 수 있다. 이제 이스라엘 군대는 전투에 가담하고 있었다. 그러나 그 이야기는 여전히 그 전투에서 승리하기 위해 이스라엘이 자신의 힘을 의지한 것이 아니라 그들을 위해 승리를 가져다주시는 하나님을 의지하고 있음을 지적하고 있다.

4장

구식 군대

초기 이스라엘에서의 전쟁은 여러 가지 면에서 주전 12세기 근동의 다른 지역들의 전쟁과 흡사했다. 이스라엘 군대는 그 시대의 다른 국가들의 군대와 마찬가지로 칼, 방패, 활과 창을 보유했다. 그러나 이스라엘 군대는 말과 병거, 즉 이웃 국가들이 사용했던 최신 전쟁 수단을 쓰지 않았다. 결정적으로 이스라엘 군대는 구식군대였던 셈이다.

이스라엘은 말과 병거를 사용하지 않았다. 그들이 너무 가난하여 말이나 병거를 소유할 수 없었기 때문이 아니었다. 오히려 그들은 그러한 것들을 소유하지 않기로 선택한 것이다. 여호수아가 하솔과 북방의 민족들을 물리치고 나서 말의 햄스트링hamstring을 끊었고, 대적의 병거를 불태웠다. 하나님께서 그에게 그 일을 행하도록 말씀하셨기 때문이었다.수 11:1-15을 보라 이스라엘은 전투에서 승리하기 위해 현대식 무기를 의존하는 대신 하나님을 신뢰하기로 결단한 것이다.

솔로몬 왕 시대 이전까지 이스라엘은 병거를 거의 소유하지 못했다.왕상9:19; 10:26 그것들은 중요한 사람들과 특별한 예식을 위해서만 개인적인 교통수단으로 사용되었을 뿐이다. 이스라엘에서는 야훼만이 병거를 소유할 수 있었고, 그 병거는 다름 아닌 구름이었다.합3:8; 시68:17; 신32:13, 직역하면 야훼께서 "[말이나 병거를] 타고 다니도록 그 땅의 높은 곳을 그에게 주신다."

때때로 이스라엘은 그들이 소유했던 무기조차도 사용하기를 거부하였다. 기드온과 이스라엘 군대는 나팔과 빈 항아리 속의 횃불이라는 말도 안 되는 '무기'의 조합으로 미디안 군대를 물리쳤다. 그 후 기드온 군대가 나팔을 부는 동안 야훼께서 적의 군사들이 칼로 서로 공격하게 하셨다. 전투가 끝난 후에야 기드온과 그의 부하들은 적의 칼을 취하여 그들의 우두머리들을 사로잡으려고 미디언 족속을 추격하였다.사사기 7 장을 보라

요단강을 건너는 것수3~4장자체가 전쟁 행위였다. 성경

에서 그 이야기는 전쟁 언어와 전쟁 이미지를 사용하고 있다. 무장을 한 전투에서와 똑같이 언약궤가 길을 안내했다. 전투가 시작되기 전에 했던 것과 같이 자신을 스스로 정결케 하라는 명령을 받았다. 백성은 전투를 위해 복장을 갖추었다.수4:12-13 그러나 그들은 무기를 사용하지는 않았다.

하나님께서 그 백성을 이집트에서 데리고 나와 마른 땅을 밟고 홍해를 건너게 하셨듯이, 그 백성이 마른 땅을 밟고 요단강을 건너게 하셨다. 하나님께서 세겜에서 하나님과 언약을 맺은 이스라엘 백성에게 말씀하셨다. "내가 그들을 너희 손에 넘겨주었으며…. 너희의 칼이나 너희의 활로써 이같이 한 것이 아니며"수24:11-12

이스라엘은 또한 많은 수의 군사에 의존하는 것을 거부하였다. 기드온과 그의 부하들이 미디안과 싸울 준비를 하였을 때, 하나님께서 기드온에게 말씀하셨다, "네가 거느린 군대의 수가 너무 많다. 이대로는 내가 미디안 사람들을 네가 거느린 군대의 손에 넘겨주지 않겠다. 이스라엘 백성이 나를 제쳐놓고서, 제가 힘이 세어서 이긴 줄 알고 스스로 자랑할까 염려된다."사7:2 두려움에 떠는 자 22,000명과 무릎을 꿇고 물을 마신 9,000명 이상을 집으로 돌려보냈기 때문에, 기드온 군대는 겨우 300명밖에 남지 않았다. 그러나 하나님은 기드온과 군사들에게 미디안 족속, 아말렉 족속과 "메뚜기 떼처럼 그 골짜기에 수없이 널려 있었으며, 그들의 낙타도 바닷가의 모래알처럼 헤아릴 수 없이 많았"삿7:12던 사막 부족들에 대한 승리를 가져다주셨다.

이스라엘은 전문적인 군대전투를 위해 돈을 받는 용병들를 소유하는 것을 거부하였다. 대신 초기 이스라엘 군대는 지원병들로 구성되었다. "사사"judge가 전쟁에 출정할 부름을 받았을 때, 그그녀는 모든 부족에게 전갈을 보내 전투에 임할 지원병을 보내도록 하였다. 전투가 끝났을 때 지원병들은 집으로 돌아갔다. 사사 혹은 전투의 지도자 역시 집으로 돌아갔다.

기드온 군대가 미디안 족속을 물리치고 나서 이스라엘 백성은 기드온과 그의 아들을 통치자로 세우려고 했다. 기드온은 대답하였다. "나는 여러분을 다스리지 않을 것입니다. 나의 아들도 여러분을 다스리지 않을 것입니다. 오직 주님께서 여러분을 다스리실 것입니다."삿8:23 인간의 지도력이 위기 상황에서만 발휘되어야 하나님께서 진정한 통치자가 되실 수 있었던 것이다.

기드온이 죽은 후에 기드온의 아들 아비멜렉은 스스로 왕이 되었다. 그러나 사사기 9장은 3년 뒤에 발생한 아비멜렉의 죽음을 그의 범죄에 대해 하나님께서 값을 치르게 하신 결과로 보고 있다. 초기 이스라엘은 전쟁에서의 승리에 대해 인간의 업적으로 돌리는 중앙 조직을 갖지 않았다.

이스라엘은 "진멸법"헤렘:ban이라 불리는 근동지역의 오래된 관습을 시행하였다. 이것은 패배한 모든 적군과 여자와 아이들, 즉 모든 사람과 심지어 동물까지도 죽이는 것을 의미했다. 이는 또한 태울 수 있는 적군의 모든 소유물을 불태우는 것을 의미했다. 일반적으로 귀금속들은 저장되었다. 그때 이러한 모든 것은 승리한 측의 신에게 "바쳐졌다." 적군과 모든 소유물은 하나님께 드려지는 제물이 된 것이다. 이러한 관행은 우리에게는 잔인해 보이지만 그것은 승리한 측의 군인들이 적의 소유물을 취하거나 적을 노예로 취함으로써 부자가 되는 것을 방지하는 방식이었다. 하나님은 고대 근동에서 전쟁이라는 잔혹한 관습 중 하나를 선을 위해 사용하신 것이었다.

초기 이스라엘의 전쟁 관습 중에서 많은 부분은 이스라엘 주변국들의 주전 12세기 혹은 11세기 관습이라기보다는 주전 18세기의 문화적 관습과 더 유사했다. 그들은 구식 전쟁 수단을 썼다. 이스라엘은 하나님께서 그들이 전쟁을 치르는 데 있어서 현대식 무기를 사용하거나 현대식 방법을 사용하기를 원치 않으셨다는 것을 알고 있었던 것 같다. 하나님은 그들에게 무기나 수많은 용병 혹은 인간 통치자를 의지하기보다는 하나님을 의지하도록 지도하셨다.

이스라엘은 가나안에 들어가서는 그들이 출애굽에서 의지했던 것만큼 철저하게 하나님을 의지하지는 않았다. 그들은 무기를 사용하였다. 사람들을 죽였다. 그럼에도, 여전히 그들은 자신들의 군대를 현대화하지 않았고, 적은 수의 군사와 구식 무기가 아니라 그들을 구원하시는 하나님을 의지하려는 믿음을 소유하고 있었다. 그들은 인간의 왕이 아니라 하나님이 그들의 통치자요 총사령관이 되신다는 믿음을 소유했던 것이다.

5장

통치자 하나님

하나님을 유일무이한 중요한 전사로 인정한다는 것은 하나님을 통치자로 인정하는 것을 의미하는 것이다. 고대 근동에서 왕은 전쟁의 지도자였을 뿐 아니라, 정치 지도자요, 재판관이요, 종교지도자이자, 모든 또는 대부분의 토지를 소유한 지주였다. 그러므로 벌어지는 전쟁은 한 국가가 정치, 종교, 경제에서 어떻게 조처하는가와 직결되어 있었다. 현대식 전쟁에 대해 함구한다는 것은 현대식 전쟁을 지지하던 사회에 대해 함구하는 것이었다.

이스라엘은 여러 개의 작은 단위로 이루어진 가나안 도

시 국가의 땅으로 들어갔다. 이들 도시 국가들은 백성에게 강제노동을 시키는 왕과 귀족들에 의해 통치를 받는 봉건국가들이었다. 이들 도시 국가들이 주전 16~13세기에 발전함에 따라서 전쟁의 형태도 변하였다.

전차 부대를 만들고 유지한다는 것은 백성이 사방이 벽으로 둘러싸인 도시에서 옹기종기 모여 살아야 한다는 것을 의미했다. 통치자들에게는 더욱 많은 권력이 부여되었다. 전사들은 하층 계급을 억압했던 특별 계급의 사람들로 변모하였다. 백성으로부터 더 많은 세금을 징수하였다. 더욱 많아지는 세금은 수많은 농사꾼에겐 더 많은 채무를 뜻하였다. 그들이 경제적 궁핍을 해결하려면 상류층 전사들에게 자신들의 땅을 팔아야만 했다. 그리고 농노serf가 되어 상류층을 위해 노동해야만 했다.

이스라엘 백성은 이러한 배경을 가진 땅으로 들어가면서 "하나님이 우리의 통치자이시다"라고 말하였다. 이스라엘은 인간적인 중앙 집권자 대신 특별한 목적을 위해 복무할 일시적인 지도자를 두었다. 모든 부족은 전쟁이 발발한 때에 서로 도왔다. 또한, 종교적인 의식을 위해 정기적으로 모였다.

사울 왕 이전의 이스라엘에는 영구적인 지도자가 존재하지 않았다. 정치권력은 부족들에게 서로 분산되어 있었다. 각

마을에는 성문에서 만나 의사를 결정하고, 분쟁을 해결하고 계약의 증인 역할을 하는 장로 의회가 있었다. 왕정 시대 이전에는 족장 중심의 상류층이 존재하지도 않았다.

이처럼 초기 이스라엘에는 상류층도, 하층민도 존재하지 않았다. 대다수 이스라엘 백성은 같은 양의 자원을 (배분하여) 소유하였다. 고대 이스라엘의 티르사Tirzah 마을의 유적지를 발굴한 결과, 주전 10세기의 가옥들은 모두가 같은 크기로 배열되어 있었다. 하지만, 2세기가 지난 후의 유적지를 발굴한 결과, 부자와 가난한 사람의 가옥에는 차이가 있었다.

이스라엘의 각 가정에 땅을 분배했는데, 이 땅은 배분받은 가족의 소유로 남아있어야 했다. 만일 가난 때문에 한 가족이 땅을 팔아야만 했다면, 그 가족의 친족들이 그 땅을 되찾아 주어야 했다. 희년매 49년 혹은 50년 되던 해이 되면 모든 땅은 아무 대가 없이 원소유주 가족에게 돌려주었다.레25장을 보라 희년이 실천되던 시기에는 희년 제도가 이스라엘에서 부자와 가난한 사람 간에 발생할 수 있는 큰 차이를 막아주었다. 정치 권력이 백성 사이에 확산하였듯이, 경제 권력도 마찬가지였다.

땅을 분배하는 제도는 통치자로서의 하나님과 관련되어 있었다. 이론상, 고대 근동지역의 왕은 대부분 땅을 소유한 소

유주였다. 왕은 충성심을 보이거나 전쟁에 출정하라는 부름
에 응답한 군인들에게 자신이 원하는 만큼 땅을 줄 수 있었다.

하지만, 이스라엘에서는 하나님께서 모든 땅의 주인이었
다.레25:23 시편 24편에서는 온 세계에 대한 하나님의 소유권
은 왕과 승리한 전사로서의 하나님 개념과 연결된다. 이스라
엘의 가족은 제각기 하나님으로부터 땅의 지분을 할당받았
다. 그들이 땅을 소유하려면 하나님께 충성해야만 했다.

이스라엘과 가나안의 주된 차이점은 다음과 같았다. 이
스라엘에서는 가나안 사람들과는 달리 상류층만이 아닌 모든
구성원이 땅을 분배받았다. 또한, 이스라엘은 가나안 사람들
과는 달리 땅의 진정한 주인은 인간이 아니라 하나님이시라
고 믿고 있었다.

초기 이스라엘의 구성원이 되는 것은 선택의 문제였다.
때로 그것은 이스라엘 군대가 가나안 땅에 들어가서 그곳에
살고 있던 모든 백성을 죽이고 그 땅에 새로운 나라를 세우는
것처럼 보인다. 하지만, 성경 저자들은 이스라엘이 요단강을
건너 가나안에 들어가고 나서도 오랫동안 여러 민족이 이스
라엘 부족 주변에 살고 있었음을 보여주고 있다.삿1:27-36을 보
라 예루살렘은 다윗 왕 시대에 이르러서야 이스라엘에 의해
점령되었다.

처음에, 이스라엘은 고정된 경계선을 설정하지 않았기에 이 지역에서 태어난 모든 사람들은 이스라엘의 구성원으로 살 수 있었다. 여부스 족속, 브리스 족속과 기르가스 족속은 모두가 이스라엘 경내의 같은 지역에서 거주하였다. 다윗과 솔로몬의 통치하에서 이들 민족들은 정복되었고, 이스라엘이란 국가로 강제 편입되었다.

이 지역의 다른 국가 출신의 백성은 이스라엘의 구성원이 될지를 선택할 수 있었다. 이집트 출신의 부족 집단들이 가나안에 들어왔을 때, 그들은 라합과 그녀의 가족수6:25 그리고 베델-루스스삿1:22-26 출신의 남자 등 수많은 가나안 사람들의 마음을 사로잡았다. 초기 이스라엘은 아마도 혼합 민족이었던 것 같다. 일부는 이집트 출신이었다.출12:38 또 일부는 이미 그 지역에서 살고 있었던 원주민들로서 가나안의 도시 국가 종교가 아닌 이스라엘의 사회 구조와 이스라엘의 종교를 선호하였다.

따라서, 이스라엘이 "현대식" 전쟁을 거부한 것은 왕으로서의 하나님야훼 아래서 살아가는 총체적 삶의 방식의 일부였다. 모세의 노래는 다음과 같이 끝난다, "야훼만이 영원히 다스리실 왕이시어라."출15:18;공동번역 기드온은 "그대들을 다스리실 분은 야훼"삿8:23이심을 믿고 있었기 때문에 왕이 되기

를 거부하였다. 시편의 여러 곳에서 하나님은 승리한 용사이
실 뿐만 아니라 땅의 '주시는 분' giver이자 왕이라고 말씀하고
있다. 시편 47편 2-4절은 말씀한다.

주님은 두려워할 지존자이시며,

온 땅을 다스리는 크고도 큰 왕이시다.

만민을 우리에게 복종케 하시고,

뭇 나라를 우리 발아래 무릎 꿇게 하신다.

그분이 사랑하신 야곱의 그 자랑거리,

우리가 사는 이 땅을 우리에게 유산으로 주셨다.

고대근동의 이상적인 왕과 같이, 야훼는 원수들로부터
자기 백성을 구원하신다. 그분은 충성스러운 자들에게 상 주
시는 분이시다. 그분은 억압받는 자들을 위하여 심판하시며,
배고픈 자들에게 먹을 것을 주시는 좋은 왕이시다.

여호와께서는 갇힌 자들에게 자유를 주시는도다

여호와께서 맹인들의 눈을 여시며

여호와께시 비굴한 자들을 일으키시며

여호와께서 의인들을 사랑하시며

여호와께서 나그네들을 보호하시며

고아와 과부를 붙드시고 악인들의 길은 굽게 하시는도다

시온아 여호와는 영원히 다스리시고

네 하나님은 대대로 통치하시리로다

할렐루야. 시146d-10; 개역개정

고대근동 사회 어느 곳에서든 신들은 인간이 세운 왕을 지지하는 존재로 나타났다. 백성은 모두 그들이 속한 사회에서 자신들의 자리를 알고 있었고 그곳에 머물렀다. 신들은 그들을 감시하였다. 이러한 사회에서 전쟁의 의미는 [이스라엘과] 전혀 달랐다. 이러한 사회에 의하면 "하나님이 우리 편이시다"라는 말은 "왕이 우리나라를 위해 할 수 있는 것은 무엇이든지 하나님은 그것을 축복하실 것이다"를 의미했다.

반면, 이스라엘의 하나님은 백성 사이에서 땅과 정치권력이 공유되는 사회를 지지하셨다. 이스라엘의 하나님은 소수의 권력 야욕을 지지하지 않았다. 대신, 야훼는 이스라엘에게 핵심 권력을 야훼에게만 의탁하라고 요구하셨다. 이스라엘은 상비군을 두어서는 안 되었다. 이스라엘이 전쟁에서 승리하려면, 그리고 약속의 땅으로 들어가려면 오직 야훼만을 의지해야 했다.

6장

다른 나라들처럼 우리에게도 왕을 주소서

주전 11세기에 이르러 이스라엘 주변 국가들은 전쟁을 통해 세력을 얻어가고 있었다. 특히 이스라엘은 블레셋이라는 서쪽으로부터 이주해 들어오던 해안 백성 때문에 압박감을 느끼고 있었다. 사사 사무엘이 나이가 들자, 이스라엘 지도자들은 사무엘에게 와서 청원하였다. 그들이 말하기를, "우리에게도 왕이 있어야 되겠습니다. 우리도 모든 이방 나라들처럼, 우리의 왕이 우리를 다스리며, 그 왕이 우리를 이끌고 나가서 전쟁에서 싸워야 할 것입니다."삼상8:19-20

사무엘상 8~12장은 하나님을 이스라엘 백성에게 마지못해 왕을 허락하는 분으로 묘사하고 있다. 인간 왕을 요청하는 것은 곧 왕이신 야훼를 거부하는 것이었다. 사무엘상 12장 17절은 왕을 요구하는 행위가 하나님께 얼마나 큰 죄악인지를 말해주고 있다. 사무엘은 백성에게 훗날 그들이 왕을 요구한 것을 후회하게 될 것이라고 경고했다.

사무엘은 고대근동의 왕들이 자신들이 통치했던 백성에게 했던 모든 일에 대해 말해주었다: 왕은 자신의 병거를 위해 군사들을 징집할 것이다. 왕은 자기를 위해 백성의 자녀를 부릴 것이다. 왕은 신하들을 지원하기 위해 백성에게 세금을 부과할 것이다. 왕은 백성을 노예로 삼을 것이다.삼상8:10-18 그럼에도, 백성은 계속해서 왕을 달라고 요구하였다. 그래서 사무엘은 사울의 머리에 기름을 부었던 것이다. 그것은 사울이 왕으로 선택되었음을 보여주는 상징적 행위였다.

자기 백성이 전쟁을 대비해 정부와, 지도자로서 왕을 선택했을지라도, 하나님은 이스라엘 백성과 동역하기를 포기하지 않으셨음을 사무엘상은 말하고 있다. 하나님은 불완전한 상황을 허락하셨다. 여기에는 두 가지가 동시에 존재하는데, 왕을 선택하는 것은 곧 하나님을 거부하는 것을 의미하는 동시에, 하나님이 그들에게 왕을 주셨음을 의미한다. 사무엘은 백성에게 말하였다.

"이제 당신들이 뽑은 왕, 당신들이 요구한 왕이 여기에 있습니다. 주님께서 주신 왕이 여기에 있습니다. 만일 당신들이 주님을 두려워하여 그분만을 섬기며, 그분에게 순종하여 주님의 명령을 거역하지 않으며, 당신들이나 당신들을 다스리는 왕이 다 같이 주 하나님을 따라 산다면, 모든 일이 잘될 것입니다. 그러나 주님께 순종하지 않고 주님의 명령을 거역한다면, 주님께서 손을 들어 조상들을 치신 것처럼….저자는 '너희와 너희의 왕을 쳐서'라고 표현하고 있는 칠십인역을 따르고 있다—옮긴이주 당신들이 이 모든 악행을 저지른 것은 사실이나, 이제부터는 주님을 따르는 길에서 벗어나지 말고, 마음을 다 바쳐 주님을 섬기십시오! 도움을 주지도 못하고 구원하지도 못하는 쓸데없는 우상에게 반하여, 그것을 따르는 일이 없도록 하십시오. 그것들은 헛된 것입니다. 주님께서는 당신들을 기꺼이 자기의 백성으로 삼아 도와주시기로 하셨기 때문에, 주님께서는 자기의 귀한 명예를 지키기 위해서라도, 자기의 백성을 버리지 않으실 것입니다."삼상12:13-15, 20b-22

이제 이스라엘은 왕을 갖게 되었다. 하지만, 그 왕은 다른 나라의 왕들과 같아서는 안 된다. 왕권kingship에 관한 율법신17:14-20은 왕이라 해도 군마를 많이 소유하지 말라고 명하고 있다. 왕은 많은 아내를 두어서도 안 되었다. 즉 그는 결혼을 이용해 이방 나라들과 조약을 맺어서는 안 되었다. 외국 아내들을 통해 국가를 부유하게 만들려고 해서도 안 되었다. 가장 중요한 것은 하나님의 율법 책을 옮겨 적으며 성심껏 그 말씀에 복종하는 것이었다. 이 율법은 왕으로 하여금 자신이 동료 이스라엘 백성보다 우월하다는 생각을 하지 못하도록 해주었을 것이다.

또한 신명기서이 책은 아마 왕정 시대에 편집되었을 것이다 안에는 전쟁에 관한 율법들이 들어 있다. 이 율법들은 왕을 언급하고 있지는 않지만, 이스라엘이 왕정 시대 이전에 치렀던 거룩한 전쟁을 반영하고 있다. 그곳에서는 여전히 이스라엘 군대가 크거나 혹은 현대식 전투 방식을 사용하는 것은 중요한 문제가 아니었다. "당신들이 적군과 싸우려고 나가서, 당신들보다 많은 적군이 말과 병거를 타고 오는 것을 보더라도, 그들을 두려워하지 마십시오. 이집트 땅에서 당신들을 인도하여 주신 주 당신들의 하나님이 당신들과 함께 계십니다."신20:1

전쟁에 관한 율법들에 의하면, 누구도 전투에 참가하는 것을 강요받지 않았다. 이제 막 집을 건축했던 사람이나 포도원을 만든 사람, 결혼을 위해 약혼을 한 사람, 두려워하는 사람은 누구나 집으로 돌아갈 수 있었다. 이것은 이스라엘 군대가 전쟁에 승리하려면 여전히 하나님을 의지해야 한다는 것을 의미했다. 신20:1-20을 보라

이스라엘과 유다의 왕들은 대부분 이러한 왕권과 전쟁에 대한 율법을 지키지 않았다. 그러나 몇 가지 예외가 있다. 앞선 사울과 다윗의 이야기들은 사람들이 승리를 위해 누구보다도 하나님을 의뢰했음을 보여준다. 요나단은 자신과 이스라엘 병사 단둘이서 블레셋의 전체 군대에 대항하여 싸웠다는 사실에도 불구하고, 믹마스 전투에서 승리하였다. 삼상14:1-15 다윗은 겨우 물매무릿매 하나만을 가지고 거인 골리앗과 나머지 블레셋 군대를 물리쳤다.

너는 칼을 차고 창을 메고 투창을 들고 나에게로 나왔으나, 나는 네가 모욕하는 이스라엘 군대의 하나님 곧 만군의 주님의 이름을 의지하고 너에게로 나왔다…. 또 주님께서는 칼이나 창 따위를 쓰셔서 구원하시는 것이 아니라는 것을, 여기에 모인 이 온 무리가 알게 하겠다. 전쟁에서 이기고 지는 것은 주님께 달린 것이다. 주님께서 너희를 모조리 우리 손에 넘겨 주실 것이다. 삼상 17:45, 47

하지만, 시간이 흐를수록 그들도 전투에서 승리하기 위해서 하나님보다는 왕이나 전사를 의지하게 되었다. 여인들이 하나님이 아닌, 다윗을 위한 승전가를 불렀다.삼상18:7 지원병에 의존하는 대신 다윗은 유급 군대용병를 소유하였다. 그 군대는 "이스라엘" 지원병과는 전혀 다른 방식으로 전투에 참가하였다. 대부분의 전쟁 이야기에서 다윗은 주인공으로 자리매김하였다.

솔로몬은 여러 이방 나라들과 조약을 맺었고, 그 결과 많은 이방 아내들을 예루살렘으로 데리고 왔다.두 왕족 간의 결혼은 국제 조약을 지키는 것에 동의하는 한 가지 방식이었다 그때 그 아내들은 예루살렘에 세운 그들의 신을 위한 제단을 가지고 있었다. 솔로몬은 대규모의 전차부대를 창설하였다. 왕정 시대는 이스라엘 역사상 가장 호전적인 시기였다.

다윗과 솔로몬 치하에서 이스라엘은 이방 나라에 속해 있던 광활한 영토를 정복했고 이스라엘의 통치 아래로 복속했다. 다른 신들을 섬기던 많은 백성이 이스라엘의 일부로 간주되었다. 계층의 구분이 없던 민족이 이제는 부자와 가난한 사람들로 나뉘었다. 가난한 사람들이 점차 친절한 대우를 받지 못하게 되었다. 왕은 자신을 스스로 방어하거나 더 많은 영토를 얻고자 전쟁을 치렀다. 그들을 구원해 주시는 분이 하나님이시라는 것은 중요하지 않았다. 그들은 자신을 구원하기 위해 자신의 군대를 의지하였다.

솔로몬의 죽음 이후, 이스라엘은 두 왕국, 즉 북왕국 이스라엘과 남왕국 유다로 분열했다. 심지어 그들은 서로 싸우기까지 했다. 훗날 이스라엘과 유다는 근동의 초강대국인 앗시리아와 바빌론에 맞서 싸웠다. 열왕기상하의 저자는 대부분 왕이 "하나님께 범죄했다"고 생각했다. 오직 몇 사람만이 하나님께 복종했던 선한 왕으로 여겨졌다.

7장

예언자들

이스라엘에게 지속적으로 하나님의 율법과 하나님의 전쟁을 상기시켰던 사람들은 다름 아닌 예언자들이었다. 예언자들은 백성과 왕에게 하나님과의 언약을 상기시킬 책임이 있었다. 그 책임에는 전쟁을 수행하는 방법과 전쟁 출전 여부도 포함하고 있었다. 예언자는 왕에게 질문을 받았을 때 조언을 해주었을 뿐만 아니라 왕이 죄를 범했을 때 왕을 대면하기도 하였다.

예언자들은 왕에게 경고의 메시지를 전해주기도 하였다. 예후는 이스라엘 왕 바아사에게 그가 하나님께 범죄하였기 때문에 그의 온 가문이 죽게 될 것이라고 말하였다.왕상16:1-4 엘리야는 아합 왕에게 나봇의 포도원을 취했던 일은 잘못된 일임을 지적하였다. 아합왕은 같은 가문이 자손대대로 땅을 간직해야 하는 율법을 범했던 것이다.왕상21장

예언자는 좋은 소식도 전해줄 수 있었다. 예언자 아히야는 솔로몬이 죽었을 때 여로보암이 북쪽의 지파들의 왕이 될 것이라고 말했다. 또한, 솔로몬의 아들 르호보암은 오로지 한 지파만을 통치할 것이라고 말했다. 따라서 예언자의 말은 여로보암이 왕족에게 반역하도록 허락한 것이나 다름없었다.왕상11:29-39

갈등의 다른 측면에서 예언자 스마야는 르호보암과 유다와 베냐민 지파에게 하나님의 말씀을 전하였다. "일이 이렇게 된 것은, 내가 시킨 것이다. 너희는 올라가지 말아라. 너희의 동족인 이스라엘 자손과 싸우지 말고, 저마다 자기 집으로 돌아가거라."왕상12:21-24

예언자 미가야는 이스라엘왕 아합에게 이스라엘과 유다의 여호사밧 왕은 시리아를 공격하지 말아야 하며 그 전투에서 아합은 살아서 돌아오지 못할 것이라고 말하였다.왕상22장 열왕기상 20장에서는 무명의 한 예언자가 시리아 군대를 공격하라고 말하였다. 엘리사와 마찬가지로 예언자들은 군대와

함께 전쟁에 나갔던 것이 분명하며, 이는 결정적인 시기에 왕들이 그들과 의논할 수 있도록 하기 위함이었다.왕하3장을 보라

일부 예언자들은 왕이 고용한 자들이었기에 왕이 듣고 싶어 하는 내용을 왕에게 말해야 한다는 압박을 느꼈다. 그러나 때로 예언자들은 왕에게 호의적이지 않은 메시지를 하나님으로부터 받아오기도 하였다.왕상22장을 보라

이스라엘이나 유다의 왕위에 오른다는 것은 자신이 하고 싶은 것은 무엇이든 할 수 있다는 것을 뜻하지 않았다. 왕은 하나님의 율법과 가르침의 사본이 있었으며, 평생 그것을 읽고 그것이 명령하는 모든 것을 신실하게 복종해야만 했다.신 17:18-19를 보라 예언자가 해야만 하는 것 중 한 가지는 일관되게 왕과 백성에게 하나님의 율법에 복종하도록 촉구하는 것이었다.

예레미야 1장 9-10절에서, 예언자는 고대 근동에서 그랬던 것처럼 전사-왕을 대신해 열방 민족 위에 세움을 입었다. 예언자는 야훼의 최고 정치 장교였다. 그가 가진 권력의 유일한 토대는 하나님 말씀이었다. 예레미야에게 율법 시행은 폭력에 의한 것이 아니라, "마음 판에 새겨진" 율법에 의해서였다. 렘31:33

왕이 아니라 예언자가 야훼 회의council에 서 있었다. 그

의 과업은 천상회의에서 들었던 대로 야훼의 뜻과 메시지를 백성에게 말해 주는 것이었다. 사6장; 왕상22장; 렘23:18,22을 보라

왕들과 예언자들의 많은 이야기에는 그 이전에 나타났던 거룩한 전쟁 전승에 대한 이야기가 그다지 선명하게 언급되지는 않는다. 그러나 다른 곳에서는 하나님의 백성이 대적을 두려워할 필요가 없다고 그 예언자예레미야는 분명하게 말하고 있다. 하나님께서 그들을 위해 싸우실 것이다. 그 예언자는 거룩한 전쟁이라는 이상적인 모습으로 돌아오라고 계속해서 자기 백성을 초청한다.

거룩한 전쟁에서 승리하려면 백성과 지도자들은 하나님만을 의뢰해야 했다. 그들은 대규모 부대가 필요치 않았다. 현대식 무기도 필요 없었다. 하나님께서는 그들의 신앙을 통해 일하시는 것이지 군사력을 통해 일하시는 분이 아니라고 이사야는 말했다. "너희가 믿음 안에 굳게 서지 못한다면, 너희는 절대로 굳게 서지 못한다!"사7:9 그는 왕에게 하나님의 말씀을 전달했다. "너희는 회개하고 마음을 편안하게 하여야 구원을 받을 것이며, 잠잠하고 신뢰하여야 힘을 얻을 것이다."사30:15 그렇게 할 때 하나님께서 승리를 가져다주실 것이다.

때로 이러한 일은 기적에 의해 일어나기도 했다. 시리아 왕이 엘리사를 잡으려고 군대를 파견했을 때, 엘리사는 하나

님의 기마부대와 불병거에 의해 구조되었다. 엘리사가 그들을 보게 해달라고 기도한 이후에야 엘리사의 종이 이러한 일들을 볼 수 있었다.왕하6:8-23 하나님께서는 군사 행위가 아니라 기적을 통해 시리아로부터 굶어 죽어가고 있던 사마리아 도성를 구원하셨다. 열왕기하 7장 6-7절은 말씀하고 있다.

주님께서 시리아 진의 군인들에게, 병거 소리와 군마 소리와 큰 군대가 쳐들어오는 소리를 듣게 하셨기 때문에, 시리아 군인들은, 이스라엘 왕이 그들과 싸우려고, 헷 족속의 왕들과 이집트의 왕들을 고용하여 자기들에게 쳐들어온다고 생각하고는, 황혼녘에 일어나서, 장막과 군마와 나귀들을 모두 진에 그대로 남겨 놓은 채, 목숨을 건지려고 도망하였던 것이다.

또 다른 시대에 예언자들은 현대식 무기를 사용하지 말아야 하며 더 현대화된 군사 장비를 갖춘 나라들과 동맹을 맺지 말라는 메시지를 선포하였나. 두 이방 군대가 예루살렘 도성를 공격했을 때, 예언자 이사야는 히스기야 왕에게 많은 군마와 병거, 군인들을 소유한 이집트의 원조에 의지하지 말라고 권고하였다. "도움을 청하러 이집트로 내려가는 자들에게

재앙이 닥칠 것이다…. 이스라엘의 거룩하신 분은 바라보지도 않고, 주님께 구하지도 않는다."사31:1

그 시대에는 전쟁이 국가에 꼭 필요한 일이라고 어느정도 생각했었다. 그러나 일부 예언자들은 또한 전 세계가 평화를 이룰 미래의 모습을 비전으로 품고 있었다. 이사야는 수많은 민족이 이스라엘 하나님의 성전으로 와서 하나님의 길을 따르는 법을 배울 때가 도래할 것을 예언하였다. 그때가 되면 하나님께서 민족들 사이의 분쟁을 해결해 주실 것이다. 민족들이 장차 행할 일을 이제 유다가 행할 것이다. 이사야가 그들에게 이르기를, "그들이 칼을 쳐서 보습을 만들고 창을 쳐서 낫을 만들 것이며, 나라와 나라가 칼을 들고 서로를 치지 않을 것이며, 다시는 군사훈련도 하지 않을 것이다."사2:4

구약 시대의 이스라엘 백성은 반드시 왕이 있어야만 그가 전쟁에서 한 국가를 이끌어갈 수 있다고 생각했다. 전체적으로 볼 때, 예언자들은 왕위에 반대하지 않았다. 그들은 하나님께서 자신의 목적을 위해 왕을 사용하실 수 있다고 생각했다. 그러나 신명기 관점으로 열왕기하를 편집한 사람들은 거의 모든 왕이 하나님께 복종하지 않았음을 알고 있었다. 성경은 계속해서 왕에 대해 다음과 같이 말한다. "그도 또한 조상이 한 것처럼 주님께서 보시기에 악을 행하고 이스라엘로 죄를 짓게 한 느밧의 아들 여로보암의 죄에서 떠나지 아니하고 그것을 그대로 본받았다."왕하15:9과 기타 본문

이론상 하나님께서는 선을 위해 왕위를 사용하시는 것이 가능하다. 그러나 일반적으로 그런 일은 발생하지 않았다. 왕들은 대체로 참 예언자들의 조언을 따르지 않았다. 그들은 종종 참 하나님 옆에 다른 신들을 숭배하는 것을 허락하였다. 참된 하나님께서 원수들에게서 자기 백성을 구원하신다는 것을 신뢰하지 않고 이집트, 앗시리아, 또는 바빌론이란 초강대국에 의지하였다. 예언자들은 왕과 백성에게 다음과 같이 말하기 시작했다. 하나님께서 너희의 죄 때문에 너희를 징계하실 것이다. 하나님께서 나라 전체에 파멸을 가져다 주실 것이다.

이처럼 이스라엘과 유다 백성은 약 450년 동안 왕의 통치하에서 살았다. 그 후 그들은 인간 왕이 없는 가운데 한 민족이 살아가는 방법을 배워야만 했다. 군사적 패배를 통해 교훈을 얻게 된 것이다.

8장

거룩한 전쟁의 다른 측면

주전 722년, 북왕국 이스라엘의 수도 사마리아는 앗시리아 군대에 무릎을 꿇고 말았다. 백성은 앗시리아의 여러 지방으로 끌려갔다. 패망한 다른 나라의 백성이 이스라엘이 살고 있었던 지역으로 끌려와서 정착하였다. 이것이 바로 이스라엘 왕조의 종말이었다.

남왕국 유다의 수도인 예루살렘은 앗시리아에 한순간에 멸망하지는 않았다. 대신 유다는 앗시리아의 식민지가 되었고 앗시리아에 무거운 세금을 상납해야만 했다. 유다 왕국은 주전 587-586년 바빌론 군대에 무릎을 꿇기 이전까지 150년

간 명맥을 유지하였다. 그러나 그후 유다의 지도자와 상류층은 바빌론으로 끌려갔다. 많은 수의 일반 백성은 (자국에) 머무는 것이 허락되었지만, 바빌론이 임명한 총독의 치하에서 살아가야만 했다.

예언자들은 패망의 원인을 이스라엘과 유다가 하나님께 신실하지 못한 것에 대한 징계로 이해하였다. 사실상 이러한 패망의원인은 하나님께서 자신의 백성에 맞서서against 싸우셨기 때문이었다. 거룩한 전쟁은 "하나님은 우리 편이시다"와 같은 안일한 구호가 아니었다. 한마디로 거룩한 전쟁은 하나님의 전쟁이었다. 만일 하나님의 백성이 율법에 복종하지 않는다면, 하나님은 그들에 맞서서 싸우실 수 있고, 실제로 그렇게 하곤 하셨다.

어떤 의미에서 이스라엘 백성은 하나님이 그들을 위해 계속해서 싸우시게 하려면 자신들이 하나님의 길을 따라야만 한다는 사실을 항상 인식하고 있었다. 하나님께서 그들에게 주신 땅을 간직하려면 그분의 율법에 복종해야만 했던 것이다.

이스라엘 백성이 이집트와 가나안 사이에 놓인 광야에서 방황하고 있었을 때조차도 모세는 그들이 하나님께 불순종하면 야훼께서 그들과 함께 하지 않을 것을 말하였다. 민수기

14장 42-43절에서 모세는 이스라엘 군대에 말하였다:

올라가지 마십시오. 주님께서 당신들 가운데 계시지 않습니다. 당신들은 적에게 패합니다. 아말렉 사람과 가나안 사람이 거기에서 당신들을 기다리고 있습니다. 당신들은 칼을 맞고 쓰러집니다. 당신들이 주님을 등지고 돌아섰으니, 주님께서 당신들과 함께 계시지 않습니다."

신명기 28장은 율법 수여가 완성되는 장면이다. 그 다음에는 축복과 저주의 목록이 등장하고 있다. 축복은 백성이 하나님께 순종하고 하나님의 명령을 준행할 때 주어진다. 저주는 그들이 하나님과 율법을 거절할 때 백성에게 임하게 될 재앙이었다. 레26:14-26도 보라

이스라엘 백성이 범죄 했다면 언약궤를 소유하고 있다 할지라고 패배를 면할 수 없었다. 사무엘상 4장에서 이스라엘 군대는 언약궤를 전장에 가지고 온 후에도 패배를 겪었는데, 이는 엘리의 아들들이 하나님에 대해 악한 말을 내뱉었기 때문이었다.

유다와 이스라엘의 패망 이전에 예언자들은 또다시 백성들이 하나님께 범죄하고 있음을 경고하였다. 예언자들은 그

들의 죄가 징계를 불러올 것이라고 말하였다.

예언자들은 백성이 자신들과 맺은 하나님의 언약에 순종
하지 않고 있음을 간파하였다. 그들은 백성이 범한 죄를 아주
구체적으로 알고 있었다. 이사야는 백성에게 하나님의 말씀
을 전달하였다.

불의한 법을 공포하고, 양민을 괴롭히는 법령을 제정하는
자들아, 너희에게 재앙이 닥친다! 가난한 자들의 소송을 외
면하고, 불쌍한 나의 백성에게서 권리를 박탈하며, 과부들
을 노략하고, 고아들을 약탈하였다. 주님께서 징벌하시는
날에…. 너희는 어찌하려느냐? 사10:1-3상

"너희는 다른 나라로 끌려갈 것이고, 오직 너희 중 몇 사
람만이 돌아오게 될 것"이라고 이사야는 예언하였다.

호세아는 말하였다.

이스라엘 자손아, 주님의 말씀을 들어라. 주님께서 이 땅의
주민들과 변론하신다. "이 땅에는 진실도 없고, 사랑도 없
고, 하나님을 아는 지식도 없다. 있는 것이라고는 저주와 사
기와 살인과 도둑질과 간음뿐이다. 살육과 학살이 그칠 사

이가 없다. 그렇기 때문에 땅은 탄식하고, 주민은 쇠약해질 것이다. 들짐승과 하늘을 나는 새들도 다 야위고, 바다 속의 물고기들도 씨가 마를 것이다. 호4:1-3

백성들끼리 서로 악하게 대하였을 뿐만 아니라 전쟁에 임하는 자세 역시 잘못되어 있었다: "이는 네가 병거와 많은 수의 군인을 믿고 마음을 놓은 탓이다. 그러므로 네 백성을 공격하는 전쟁의 함성이 들려 올 것이다…. 너의 요새들이 모조리 파괴될 것이다." 호10:13중-14상

그러나 호세아에 의하면, 무엇보다도 백성들이 유일하고 참되신 하나님을 망각하였다는 사실이다.

그러나 나는 너희가 이집트 땅에 살 때로부터 주 너희의 하나님이다. 그때에 너희가 아는 하나님은 나밖에 없고, 나 말고는 다른 구원자가 없었다. 나는 저 광야에서, 그 메마른 땅에서, 너희를 먹이고 살렸다. 그들을 잘 먹였더니 먹는 대로 배가 불렀고, 배가 부를수록 마음이 교만해지더니 마침내 나를 잊었다. 그래서 내가 그들에게 사자처럼 되고, 이제는 표범처럼 되어서 길목을 지키겠다. 호13:4-7

예언자 예레미야는 하나님께서 이스라엘과 이혼했듯이 이는 앗시리아에 의해 이스라엘이 패망한 것의 상징적 표현이다 그들과도 이혼하겠다고 유다에게 말하였다.렘3장 유다의 죄는 참되신 하나님 대신에 그들에게는 아무런 일도 할 수 없는 우상들을 섬긴 것이었다. "너희는 내게 순종하고 나를 예배하기를 거절하였다. 높은 언덕마다, 그리고 푸른 나무 밑에서마다 다산의 신들에게 예배하였다"고 하나님은 예레미야를 통해 백성에게 말씀하셨다. 렘2:20

미가는 살인과 불의함 위에 예루살렘을 건축하던 백성에게 경고하였다.

이 도성의 지도자들은 뇌물을 받고서야 다스리며, 제사장들은 삯을 받고서야 율법을 가르치며, 예언자들은 돈을 받고서야 계시를 밝힌다. 그러면서도, 이런 자들은 하나같이 주님께서 자기들과 함께 계신다고 큰소리를 친다. '주님께서 우리와 함께 계시니 우리에게 재앙이 닥치지 않는다' 고 말한다. 미3:11

이처럼 단순히 "야훼께서 우리와 함께 계신다"고 말하는 것은 하나님의 율법을 파기한 사람들에게는 아무런 보호 장

치가 될 수 없다.

백성이 정의를 행치 않으면서 예배를 드리려고 한다면, 하나님은 듣지 않으실 것이라고 이사야 1장은 말하고 있다.

> 너희는 씻어라. 스스로 정결하게 하여라. 내가 보는 앞에서 너희의 악한 행실을 버려라. 악한 일을 그치고 옳은 일을 하는 것을 배워라. 억압받는 사람을 도와주어라. 고아의 송사를 변호하여 주고 과부의 송사를 변론하여 주어라…. 너희가 기꺼이 하려는 마음으로 순종하면, 땅에서 나는 가장 좋은 소산을 먹을 것이다. 그러나 너희가 거절하고 배반하면, 칼날이 너희를 삼킬 것이다. 이것은 주님께서 친히 하신 말씀이다. 사1:16-17, 19-20

하나님으로부터 떠나간 백성에 대한 징계는 앗시리아와 바빌론 군대의 손에 의한 패망이요 파멸이었다.

9장

하나님께서 다른 군대를 선택하셨다

이처럼 하나님께서 더는 이스라엘과 유다와 함께하지 않으신다면 이제 하나님의 군사들은 누구란 말인가? 예언자 이사야에 따르면 하나님은 이방 군대를 선택하셔서 고집불통의 이스라엘과 유다를 바르게 고치셨다.

나는 이미 내가 거룩한 구별한 사람들에게 명령을 내렸고, 나의 분노를 원수들에게 쏟아 놓으려고, 사기가 충천한 나의 용사들을 불렀다. 저 소리를 들어 보아라. 산 위에서 웅성거리는 소리다. 저 소리를 들어 보아라. 무리가 떠드는 소리다. 저 소리를 들어 보아라. 나라들이 소리치고 나라들이 모여서 떠드는 소리다. 만군의 주님께서 공격을 앞두고 군대를 검열하실 것이다. 주님의 군대가 먼 나라에서 온다. 하늘 끝 저 너머에서 온다. 그들이 주님과 함께 그 진노의 무기로 온 땅을 멸하러 온다. 사13:3-5

이 경우 하나님은 앗시리아 군대를 사용하셔서 유다를 향한 하나님의 목적을 이루셨다.

앗시리아 군대는 확실히 경건치 못한 무리들이었다. 사실 앗시리아는 고대 근동에서 가장 잔인한 군대를 보유하고 있었다. 앗시리아는 폭력이 필요한 상황이 아니어도 폭력적으로 처리하는 것으로 유명했다. 앗시리아는 다른 나라를 정복했을 때, 정복한 나라의 백성을 끌고 가 그 이전에 정복했던 국가에 흩어 놓았다. 그런 다음에 그 나라 영토에는 다른 민족들을 강제로 정착을 시켰다. 앗시리아는 죽이지 않아도 되는 사람들을 죽였을 뿐만 아니라 패전국 백성이 다시금 한 민족을 이룰 기회조차 갖지 못할 정도로 파괴하기 일쑤였다. 이런 일이 북이스라엘 왕국에 일어난 것이다.

우리는 하나님이 앗시리아가 자행한 방식을 좋아하셨다고 말할 수 없다. 성경 어느 곳에도 앗시리아 왕이 이스라엘의 하나님인 야훼를 숭배했었다는 기록을 찾을 수가 없다. 사실 유다를 치는 "진노의 몽둥이"로 앗시리아를 부르시는, 같은 장10장에서 하나님은 또한 심판을 예언하고 계신다. "그러므로 주님께서 시온 산과 예루살렘에서 하실 일을 다 이루시고 말씀하실 것이다. 내가 앗시리아 왕을 벌하겠다. 멋대로 거드름을 피우며, 모든 사람을 업신여기는 그 교만을 벌하겠다."사 10:12

확실히, 하나님은 앗시리아의 행동방식에 동의하신 적이 없었다. 하지만, 앗시리아가 잔인함에도, 하나님은 그들의 군대를 사용하셔서 이스라엘과 유다를 물리치셨다. 앗시리아 황제는 하나님께서 선을 위해 그를 사용하신다는 사실을 몰랐을 뿐이다. 하지만, 하나님은 앗시리아를 사용하셔서 이스라엘 백성을 치셨고, 돌이켜 야훼만을 예배하도록 인도하셨다.

예언자 이사야는 하나님께서 이런 방식으로 유다뿐만 아니라 열방을 다루고 계신다는 것을 알고 있었다. 하나님은 앗시리아 황제가 "니는 내 손의 힘과 내 지혜로 이것을 하였다"사10:13이하라고 자랑삼아 떠들어 댔던 것을 징계하실 것이다. 이사야 13-25장에서 이사야는 바빌론, 앗시리아, 모압, 시리아, 블레셋, 수단, 이집트, 아라비아와 페니키아가 그들의 죄로 인해 징계를 받을 것이란 하나님의 메시지를 전달하였다. 어떤 나라도 여기에서 벗어날 수 없다. 하나님은 그들이 행한 일에 대해 그들 모두에게 책임을 물으실 것이다.

에스겔은 유다뿐만 아니라 그 주변 나라들을 향해 예언을 하였다.25-32장을 보라 에스겔은 하나님께서 두로 왕에게 하시는 말씀을 들었다. "네가 마음속으로 신이라도 된 듯이 우쭐대니, 내가 이제 이방 사람들 가운데서도 가장 잔인한 외국 사람들을 데려다가 너를 치게 하겠다."겔28:6-7

이렇듯 이스라엘과 유다는 나라의 패망에서 교훈을 얻었다. 그들은 하나님이 자신들과 언약을 맺었다는 이유로, 전쟁에서 항상 자신들 편을 들어줄 것이라는 사실을 기대할 수 없다는 것을 알게 되었다. 만일 하나님의 백성들이 그분과의 언약을 파기한다면, 축복의 언약도 상실하게 될 것이다. 하나님이 자신들의 통치자로 인정하고 그렇게 행동하지 않는다면, 하나님은 더 이상 그들을 충성스런 신하로 여기지 않으실 것이다.

똑같은 원리가 다른 나라에도 적용되었다. 하나님을 신뢰하지 않는 사람들은 누구라도 전사warrior되신 하나님이 때로 그들에 맞서서 싸우신다는 사실을 깨닫게 될 것이다.

10장

하나님의 자비하심

그러나 이야기는 거기에서 끝나지 않는다. 하나님은 범죄한 나라들을 단지 징계하는 것 이상의 일을 하기를 원하셨다. 하나님은 자기 백성이 잘못을 그치고 다시금 그들의 통치자이신 하나님께 돌이키기를 원하셨다. 하나님은 자기 백성과 새로운 관계를 원하셨던 것이다.

이사야는 범죄에 대한 징계는 은세공업자가 귀금속을 정제하기 위해 사용하는 불과 같다고 말한 바 있다. 그런 후에야 이스라엘 혹은 유다는 불경함범죄에서 자유하게 될 것이고 다시금 하나님의 언약 아래로 올 수 있게 된다.사1:24-27을 보라 하나님은 백성이 변화되어 다시금 선한 일을 시작하기를 원하셨다. 예레미야는 그가 목도했던 백성의 죄와 그들에게 다가오는 재앙을 지켜 보면서 괴로워했다. 그는 재앙이 일어나지 않기를 바랐다. 그래서 예루살렘 성전에서 제사를 드리고 있던 백성에게 "너희가 모든 생활과 행실을 참으로 바르게 고치고, 참으로 이웃끼리 서로 정직하게 살면서 나그네와 고아와 과부를 억압하지 않고, 이곳에서 죄 없는 사람을 살해하지 않고, 다른 신들을 섬겨 스스로 재앙을 불러들이지 **않으면**, 내가 너희 조상에게 영원무궁하도록 준 이 땅, 바로 이곳에서 너희가 머물러 살도록 하겠다"렘7:5-7; 고딕은 저자의 강조고 말했다.

호세아 1-3장은 하나님이 어떻게 이스라엘을 징계하시는지에 대한 선명한 그림을 제공하고 있으나 그 역시 이스라엘이 하나님에게 돌아오기를 원하고 있음을 보여준다. 위의 장에서 하나님은 자신의 아내 이스라엘이 신실치 못하여 다른 애인들과 달아난 한 남편으로 비유되고 있다. 그녀는 자신의 결혼 관계를 거부하였기 때문에 남편이 그녀와 이혼한다. 그러나 동시에 그는 사랑의 언어를 통해 그녀가 돌아오기를 간청하기 위해 광야로 나간다. 그는 그녀가 돌아온다면 다시 결혼하기를 원한다. 그는 그녀를 사랑하고 있으며 그녀와 새로운 평화의 언약을 맺기를 간절히 원하고 있다.

호세아 5장 15절에서 하나님은 말씀하신다. "그들이 지은 죄를 다 뉘우치고, 나를 찾을 때까지 기다리겠다. 환난을 당할 때에는, 그들이 애타게 나를 찾아 나설 것이다."

이것은 마치 하나님께서 전쟁에서 이스라엘을 패하게 하셔서 이스라엘 백성을 파멸케 하시는 것처럼 보일 수도 있지만, 실제로 하나님은 자기 백성이 돌아와 올바른 관계를 맺기를 원하셨다. 실제로 하나님은 모든 민족을 다스리시는 통치자다. 하나님께서 전쟁에서 이스라엘이 승리케 하심으로 그들을 한 나라로 사용하실 수 있듯이 그는 또한 자기 백성이 다시금 참되신 하나님 한 분만의 신하가 되도록 설득하기 위해 전쟁에서 패배케 하실 수도 있으신 분이다.

하나님은 모든 민족을 구원하시길 원하신다. 다른 민족들에 대한 징계가 있으리라는 경고는 이스라엘뿐만 아니라 그들에 대한 이야기의 끝이 아니었다.

예언자 이사야가 이 땅의 모든 통치자를 향해 경고와 재앙의 메시지를 선포한 이후에 그는 또한 모든 민족이 시온산 위에서 하나님을 자신들의 통치자로 인정할 그때에 대해 선포하였다:

만군의 주님께서 이 세상 모든 민족을 여기 시온 산으로 부르셔서, 풍성한 잔치를 베푸실 것이다. 기름진 것들과 오래된 포도주, 제일 좋은 살코기와 잘 익은 포도주로 잔치를 베푸실 것이다. 또 주님께서 이 산에서 모든 백성이 걸친 수의를 찢어서 벗기시고, 모든 민족이 입은 수의를 벗겨서 없애실 것이다. 주님께서 죽음을 영원히 멸하신다. 주 하나님께서 모든 사람의 얼굴에서 눈물을 말끔히 닦아 주신다. 그의 백성이 온 세상에서 당한 수치를 없애 주신다. 이것은 주님께서 하신 말씀이다. 그날이 오면, 사람들은 이런 말을 할 것이다. 바로 이분이 우리의 하나님이시다. 우리가 하나님을 의지하였으니, 하나님께서 우리를 구원하신다. 바로 이분이 주님이시다. 우리가 주님을 의지한다. 우리를 구원하여 주셨으니 기뻐하며 즐거워하자. 사25:6-9

자기 백성을 구원하고자 전쟁을 사용하신 하나님, 재앙을 내리려고 전쟁을 사용하시는 하나님은 자기 백성을 사랑하시고 그들과 올바른 관계를 회복하기를 원하시는 바로 그 하나님이시다. 그분은 하나님만을 신뢰하는 백성과 새로운 언약을 맺으셔서 원수들로부터 그들을 구원하시길 원하시는 분이다.

11장

하나님의 승리를 향한 소망

남쪽 유다 백성은 머나먼 바빌론 제국에서 유배 중이었다. 그들에겐 이제 인간 유다 왕은 존재하지 않았다. 군대도 소유할 수 없었다. 그런데 어떻게 하나님이 모든 민족의 통치자가 되실 수 있으며, 하나님의 백성이 박해를 당하고 죽임을 당하는데 어떻게 하나님이 강력한 전사가 되실 수 있단 말인가? 어찌 그들이 외국 땅에서 하나님의 노래, 즉 시온의 노래를 부를 수 있단 말인가? 그들은 원수들로부터 자신들을 구원하지 못한 하나님을 예배할 수 있을까? 자신들을 억압하는 정부에 대항하여 소망 없는 혁명으로 봉기해야만 하는가?

주전 587년 예루살렘 멸망의 시기로부터 신약시대에 이르기까지 유다 백성은 거의 모든 시기를 외국의 통치하에 살았다. 심지어 주전 538년 페르시아의 황제 고레스가 바빌론을 정복하고 일부 유대인들에게 예루살렘으로 귀환하는 것을 허락한 이후에도 유다 백성은 여전히 독립 민족이 아니었다. 여전히 그들은 페르시아의 통치 아래에서 살았다. 그 후 주전 333년부터 그들은 그리스의 통치 아래에 살았다. 주전 63년 이후에는 로마인들이 팔레스타인을 점령했다. 오로지 주전 166년부터 63년까지만 유다 마카비가 이끌었던 반란 이후에 독립 유다 국가가 세워졌을 뿐이었다.

하나님은 그들을 이집트에서 이끌어 내셨다. 하나님은 노예들을 모아 하나의 국가를 세우셨다. 그분은 광야를 거쳐 약속의 땅으로 그들을 이끄셨다. 그들에게는 땅이 없었다. 적어도 땅에 대한 통제력을 상실하고 말았다. 어떻게 해서 유대인들이 한 민족으로 계속해서 존재할 수 있었을까?

유대인들은 외국의 통치 아래서 살아가는데 이중적인 반응을 발전시켰다. 그들의 첫 번째 반응은 비폭력 저항nonviolent resistance이었다. 그들은 그들의 압제자들에 항거하려고 전쟁터로 나가지 않았다. 그들은 가능한 한 평화롭게 외국 정부 아래서 살았다. 그러면서도 야훼가 아닌 다른 신을 섬기는 일을 거부하였다. 유대인들이 보인 두 번째 반응은 언젠가, 즉 가깝거나 먼 미래에, 하나님께서 자기 백성을 구원하러 오실 것이라는 믿음을 가지는 것이었다. 자신들은 전쟁에서 그들이 가진 힘을 의지할 필요가 없었다. 하나님이 그들의 압제자로부터 그들을 해방해 주실 것을 믿었기 때문이었다.

다니엘 1-6장은 첫 번째 반응을 가장 분명하게 보여주고 있다. 다니엘서는 박해의 시기, 아마도 그리스가 팔레스타인을 통치했던 당시에 저술되었다. 다니엘서는 다니엘과 그의 친구들이 그러했듯이, 하나님의 백성에게 핍박을 견디고 하나님을 신뢰하도록 용기를 주고자 의도된 것이었다.

그 책의 전반부는 바빌론 도성의 평안샬롬을 위해 일하라고 말했던 예레미야의 권고를 진지하게 받아들였던 유배 중의 젊은 유대 청년들에 대해 말하고 있다.렘29:7 적어도 그들 중 네 명은 바빌론 정부에서 일하는 것에 동의하였다. 그들은 느부갓네살왕의 황실에서 시중들고 있었다.

그들이 외국 왕을 섬기고 있었다 할지라도 그들은 하나님의 율법과 상충하는 법에는 복종하지 않았다. 다니엘과 그의 친구들은 유대 율법에 따라 제의적으로 불결한 음식을 먹는 것을 거부하였다.단1장 그의 친구들은 왕이 세웠던 금신상에 엎드려 절하고 숭배하는 것을 거부하였다. 그 결과, 왕은 그들을 타오르는 풀무불 속으로 던져 버렸다. 그러나 천사하나님의 사자가 불꽃 속에서 그들과 함께 하였고, 그들은 아무런 상처도 입지 않은 채 불에서 나왔다. 왕은 하나님이 이곳에서도 일하고 계셨음을 깨닫게 되었다. 그는 말했다:

> 사드락과 메삭과 아벳느고를 돌보신 하나님을 찬송하여라. 그는 천사를 보내서 그의 종들을 구하셨다. 이 종들은 저희의 하나님을 의뢰하여, 저희의 몸을 바치면서까지 왕의 명령을 거역하고, 저희의 하나님 말고는 다른 어떤 신도 절하여 섬기지 않았다…. 이처럼 자기를 믿는 사람을 구원할 수 있는 신은 다시 없을 것이다. 단3:28-29

다니엘은 다리우스 왕의 법령을 위반하면서까지 하루에 세 번씩 하나님께 기도하였다. 왕은 다니엘을 사자 굴속으로 던졌지만, 하나님은 천사를 보내셔서 사자의 입을 막으셨다. "사람들이 다니엘을 굴에서 끌어올렸다. 그가 자기 하나님을 신뢰하였기 때문에, 그에게서는 아무런 상처도 찾아볼 수 없었다." 단6:23 자신들을 구원하시는 하나님을 이처럼 신뢰하는 것은 박해에도 불구하고 유대인들을 하나로 묶어주는 역할을 하였다.

사회에서 소수집단이 억압을 당할 때, 소수 집단은 한 민족으로 살아남기 위해 주류문화majority culture에 저항해야만 한다. 그러나 소수 집단이라고 해서 주류문화 속에서 모든 것에 대해 '아니오'라고 말할 필요는 없다. 다니엘과 그의 친구들은 바빌론 정부의 공직자였을 것이다. 그러나 그들은 때로 자신들의 구별된 유대인의 정체성을 지키려면 '아니오'라고 말해야만 했다.

예를 들어, 다른 신들을 숭배하는 것은 커다란 쟁점이었을 것이다. 하지만, 그들은 또한 음식법과 같이 사소한 것처럼 보이는 것에도 '아니오'라고 말을 했다. 그들은 (폭력을 사용하지 않으면서) '아니오'라고 말해야 할 때를 신중하게 선택했다. 그 일은 그들이 하나님을 예배하는 구별된 백성으로 남아 있을 수 있도록 도와주기에 충분했다. 그들은 혁명을 일으키지는 않았지만 유대인들적어도 그들 중 일부은 바빌론의 주류에 함몰되는 것에 저항하였다. 그들은 그저 바빌론 사회 내에서 소수 집단으로 남아 있었다. 비록 그들이 바빌론에 살고 있을지라도, 하나님은 여전히 그들의 왕으로 존재했던 것이다.

유대인들이 보인 두 번째 부류의 반응은 하나님께서 자신들을 구원하시기까지 기다렸다. 바빌론에 거할지라도 그들은 전사Warrior이신 하나님께서 원수들을 이기시리라는 소망을 잃지 않았다. 유대인들은 하나님께서 그들의 압제자들을 멸하시고 하나님의 백성을 팔레스타인으로 귀환시키실 것이란 소망을 간직하고 있었다. 스가랴서는 유배 중인 백성을 예루살렘으로 귀환시키기 위해 싸우시는 전사 하나님에 대해 이야기하고 있다.

> 만군의 주님[군대 장관 야훼]께서 이렇게 말씀하신다. 주님께서 나에게 영광스러운 임무를 맡기시고, 너희를 약탈한 민족에게로 나를 보내시면서 말씀하신다. "너희에게 손대는 자는 곧 주님의 눈동자를 건드리는 자다. 내가 손을 들어 그들을 치면, 그들은 저희가 부리던 종에게 노략질을 당할 것이다." 슥2:8-9

예언자들은 하나님께서 유대 민족을 데리고 오실 것에 대해 말씀하실 때 거룩한 전쟁이란 언어를 사용했다. 하지만, 그들은 이 언어를 다윗 왕이 사용했던 방식이 아니라 출애굽 당시 모세가 했던 방식으로 사용했다. 이집트애굽에서 출애굽할 때 하나님의 백성은 무기를 사용할 필요가 없었다. 그들은 홍해를 건너 행진했을 뿐이고, 하나님께서 그들을 위해 싸우시도록 했을 뿐이다. 이제 다시금 억압받는 백성의 예언자들은 그들을 위해 싸우시는 하나님에 대해 이야기하고 있다. 전쟁은 야훼에게 속한 것이었다. 야훼는 모든 무기를 가지고 계신다. 이스라엘 민족이 이집트로부터 탈출할 때와 마찬가지로, 유대인들은 그저 잠잠히 서서 하나님의 구원을 기다리면 되는 것이었다.

하박국서는 구름을 타고 오시는 전사와 같은 하나님의 오심에 대해 서술하고 있다. "주께서 당신의 백성에게 승리를 가져다주셨을 때 폭풍 구름이 주님의 병거였습니다."합3:8b; 이 구절은 원문을 옮긴이가 직역한 것이다 승리의 전사 하나님은 또다시 왕이 되실 것이다. "만군의 주 하나님께서 오신다. 그가 권세를 잡고 친히 다스리실 것이다. 보아라, 그가 백성에게 주실 상급을 가지고 오신다. 백성에게 주실 보상을 가지고 오신다. 그는 목자목자란 단어는 고대근동에서 왕을 의미한다와 같이 그의 양 떼를 먹이시며…"사40:10-11a

야훼의 돌격 함성"내가 너와 함께 있으니, 두려워하지 말아라", war cry:군인들이 전투에 임할 때 사기를 위해 외치는 함성-옮긴이주이 그 시기의 예언자들로부터 울려 퍼진다. 이사야는 말한다:

내가 너와 함께 있으니, 두려워하지 말아라. 내가 너의 하나님이니, 떨지 말아라. 내가 너를 강하게 하겠다. 내가 너를 도와주고, 내 승리의 오른팔로 너를 붙들어 주겠다. 너에게 화를 낸 모든 자들이 수치를 당하며 당황할 것이다. 너와 싸우는 자들이 아무것도 아닌 것 같이, 허무한 것 같이 될 것이다. 나는 주 너의 하나님이다. 내가 너의 오른손을 붙잡고 있다. 내가 너에게 말한다. 두려워하지 말아라. 내가 너를 돕겠다. 사41:10-13

예언자 이사야는 하나님께 외치며 하나님께서 과거에, 창조 때에, 출애굽에서, 이스라엘 백성을 어떻게 구원하셨는지를 상기시키고 있다.

깨어나십시오! 깨어나십시오! 힘으로 무장하십시오. 주님의 팔이여! 오래전 옛날처럼 깨어나십시오! 라합을 토막 내시고 용을 찌르시던 바로 그 팔이 아니십니까? 바다와 깊고 넓은 물을 말리시고, 바다의 깊은 곳을 길로 만드셔서, 속량받은 사람들을 건너가게 하신, 바로 그 팔이 아니십니까? 사51:9-10

다니엘 7장은 장차 "옛적부터 계신 분"이 악한 정부로부터 승리를 거둘 것임을 확언하고 있다. 하나님의 백성은 현재는 억압을 당하고 있지만, 장차 승리자가 될 것이다. "옛적부터 계신 분이 오셔서, 가장 높으신 분의 성도들의 권리를 찾아 주셔서, 마침내 성도들이 나라를 되찾았다."단7:22

그때가 되면 하나님의 백성은 새로운 왕, "인자"를 갖게 될 것이다. 옛부터 계신 분이 그에게 권세와 영광과 나라를 주셔서, 민족과 언어가 다른 뭇 백성이 그를 경배하게 하셨다. 그 권세는 영원한 권세여서, 옮겨가지 않을 것이며, 그 나라가 멸망하지 않을 것이다."단7:14

예언자들은 거룩한 전쟁을 설명할 때 사용된 구절인 "주의 날"이나 "야훼의 날"을 고대하였다. 이 날은 전사이신 하나님께서 하나님께 충성을 다했던 사람들을 구원하시고, 자기에게 불순종했던 사람들을 징계하시기 위해 오실 것이다. 예언자 요엘은 야훼의 날이 곧 다가오고 있다는 징조로서 들판을 덮친 메뚜기 재앙을 주목하였다. "주님께서 큰 음성으로 당신의 군대를 지휘하신다. 병력은 헤아릴 수 없이 많고, 명령을 따르는 군대는 막강하다. 주님의 날은 놀라운 날, 가장 무서운 날이다. 누가 감히 그날을 견디어 낼까?"욜2:11

허나, 야훼의 날은 야훼의 편에 서지 않았던 사람들이 마땅히 징계를 받는 재앙의 날만을 뜻하는 것이 아니었다. 그날은 자비의 날이기도 했다. 야훼는 백성이 회개하고 참되신 하나님께 돌아와 그분을 예배하기를 원하셨다. 하나님은 온유하시며 자비하심이 무궁하시다. 하나님은 항상 징계만이 아닌 용서할 준비가 되어 있는 분이라고 요엘은 말하였다.

하나님은 구속자요, 자기의 친척, 즉 이스라엘 백성을 종살이로부터 구원하기 위해 '값을 치르는 구원자' redeemer:기업 무를 자이시다.

이사야서의 마지막 부분에 가면 온유함으로 백성을 구원하실 야훼의 종에 대한 묘사를 찾을 수 있다. 어떤 본문에서 그 종은 단수형처럼 보인다. 하지만, 다른 본문에서 그 종은 이스라엘 전체 민족으로 보기도 한다.

원수를 공격하는 전사이신 하나님의 이미지와 더불어 모든 민족에게 정의를 가져다주시는 하나님의 종이란 이미지도 나온다. 이런 일은 군사적 수단을 통해서가 아니라, 조용하고도 부드럽게 일어날 것이다. 그는 "상한 갈대를 꺾지 않으며, 꺼져가는 등불을 끄지 않"을 것이다. 사42:3 그분의 유일한 칼 sword은 그분이 하시는 말씀word이다. 사49:2

사실, 종은 고문과 모욕 그리고 죽임을 겪게 될 것이다. 다른 사람을 대신해 고난을 견딤으로써, 그 종은 백성을 구원할 것이다. 종이 다른 사람들을 파괴함으로써가 아니라 그들을 대신해 고난을 당하심으로 하나님께서는 "그가 존귀한 자

들과 함께 자기 몫을 차지하게 하며, 강한 자들과 함께 전리품을 나누게" 하실 것이다. 사53:12

이것이 바로 거룩한 전쟁 언어이다! 종이 승리하셨다. 그러나 온유함으로 고난을 참아냄으로써 얻는 기막힌 승리라는 방식으로!

12장

모든 민족을 향한 평화의 비전

이방 국가의 통치 아래서 살아가던 시기에 예언자들은 한 가지 비전을 받게 된다. 진실로 하나님은 모든 민족을 향한 평화를 원하셨다. 하나님은 이스라엘 백성을 구원하시는 일에 관심을 두셨을 뿐만 아니라 모든 백성을 구원하길 원하셨다. 하나님은 자기 백성이 평화롭게 살아가길 원하신 것이다.

예언자들은 하나님께서 이스라엘과 유다를 징계하셨듯이, 이방 국가들에 대해 그들이 저지른 죄 때문에 징계하실 것이라고 말한 바 있다. 압제의 시대에 예언자들은 하나님께서 모든 백성이 자신들의 죄를 회개하고 하나님을 예배하며 평화롭게 살기 원하신다고 말하였다.

왕 되신 하나님께서 승리를 거두시고 나면 더는 세상 모든 민족들 사이에 전쟁이 없을 것이다. "시온아 기뻐하여라. 너희 왕이 승리를 거두시고 개선하여 네게로 오신다"고 예언자 스가랴는 말하였다. "내가 병거와 군마를 없앨 것이다. 너희의 왕이 민족들 가운데 평화를 이루실 것이다."슥9:9, 저자 의역

또한, 이사야는 희생제물을 드리려고 하나님의 성전으로 오는 장애인들뿐만 아니라 외국인들을 바라본다. "나의 집은 만민이 모여 기도하는 집이라고 불릴 것이다."사56:7 이 구절은 이사야 2장의 비전을 공명해 주고 있다. 민족들은 예루살렘 성전으로 속속 모여들어 이스라엘의 하나님께서 그들에게 행하기를 원하셨던 그 일을 하겠다고 언약을 맺을 것이다. 그들은 하나님께서 "뭇 백성 사이의 갈등을 해결하실 것이니, 그들이 칼을 쳐서 보습을 만들고 창을 쳐서 낫을 만들 것이며, 나라와 나라가 칼을 들고 서로를 치지 않을 것이며, 다시는 군사훈련도 하지 않을 것이다."사2:4 예언자들은 평화샬롬, "건강, 완전함, 그리고 서로 어우러져서 살아감"을 의미한다는 하나님께서 인류를 향해 가지셨던 궁극적인 목적이라고 선포하였다.

2부

신약성서에 나타난
거룩한 전쟁

13장

신약성서에 나타난 거룩한 전쟁 언어

거룩한 전쟁 언어와 신학은 신약성서에도 계속 이어지고 있다. 그것은 종종 "두려워하지 말라. 내가 너희와 함께 할 것이다"라는 돌격 함성war cry을 반복하고 있다.

심지어 예수의 탄생 이야기도 이 돌격 함성을 포함하고 있다. 천사가 요셉에게 나타났을 때 "두려워하지 말고, 마리아를 네 아내로 맞아 들여라"마1:20-23고 말하였다. 그 후 복음서 저자는 **임마누엘**, 즉 "하나님이 우리와 함께 계시다"라고 불리는 아들에 대한 이사야서를 인용한다. 천사들은 스가랴눅1:13, 마리아눅1:30와 목자들눅2:10에게 했던 이 돌격 함성을 반복하였다.

복음서는 계속해서 예수가 누구이신지 그리고 그가 어떤 일을 행하셨는지 말하려고 정치적 언어를 사용하고 있다. 복음서는 예수를 왕으로 이해했다. 복음서는 하나님 나라 또는 하늘나라에 대해 말을 한다. 심지어 예수란 이름히브리어로는 여호수아은 "구세주, 구원자, 해방군 지도자"를 의미한다.

예수께서는 백성에게 두 가지 방식으로 하나님의 구원 능력을 보여주셨다. 첫 번째 방식은 기적을 통해서였다. 이 기적은 세상에서 사람들을 통제하는 모든 악한 세력과 권세인 질병, 더러운 귀신들, 죄와 죽음을 이기신 하나님의 능력을 보여주는 것이었다. 두 번째 방식은 그분의 가르침과 인간 원수들과 어떤 관계를 맺어야 할 지를 보여주는 삶의 모본을 통해서였다.

복음서에서 치유를 비롯한 여러 기적들은 종종 "표적"이나 "기사"라고 불린다.요4:48을 보라 이 용어들은 이집트로부터의 탈출 이야기에서 전사 하나님의 구원 사역을 언급하려고 사용한 단어들이다.신6:22과 여러 곳 모세를 통해 "하나님의 손가락"이 이집트에 재앙을 가져오고출8:19-개역개정에서는 '하나님의 권능' 으로 번역-옮긴이 주, 시내산에서 율법을 수여해 주셨듯이출31:18 예수께서는 "하나님의 손가락"으로 귀신들을 쫓아내셨

다. 눅11:20

하나님은 자신이 고대 이스라엘에서 전쟁을 통해 승리했던 똑같은 방식으로 예수와 사람들의 믿음을 통해서도 이와 같은 기적을 행하셨다. 거룩한 전쟁에서 이스라엘 군대는 자신들이 소유한 무기나 기술이 아니라 하나님만을 의뢰해야 했다. 기적 이야기들을 살펴보면 그들을 구원했던 것은 바로 그들 자신의 믿음이었다. 야이로의 딸의 치유 이야기에서 예수는 야이로에게 거룩한 돌격 함성을 말하고 있다. "두려워하지 말고, 믿기만 하여라[믿음을 가져라]. 딸이 나을 것이다." [문자적으로 '구원을 받을 것이다']눅8:50

예수는 소경 바디매오를 고치시고 그에게 말씀하셨다. "가거라. 네 믿음이 너를 구원하였다."[너를 살렸다, 혹은 해방하였다]막10:52 이러한 기적에서 전투는 더러운 귀신들과 죄와 파괴의 세력에 대항하는 것이었다.

사람들은 기적들을 목격하면서 예수의 전투와 고대 이스라엘의 전투를 연결 지었다. 그들은 군사력과 정치력 사이의 연관성을 본 것이다.

예수께서 오천 명을 먹이신 후에 요한이 보고한 내용에서도 이러한 연관성을 찾아볼 수 있다.

사람들은 예수께서 행하신 표징을 보고 "이 분은 참으로 세상에 오시기로 된 그 예언자이다"하고 말하였다. 예수께서는 사람들이 와서 억지로 자기를 모셔다가 왕으로 삼으려고 한다는 것을 아시고, 혼자서 다시 산으로 물러가셨다.요 6:14-15

예수께서 예루살렘에 입성하셨을 때 군중은 그를 왕으로 인정하며 환호했다. 요한복음은 미래에 대한 하나님의 통치를 염원한 예언자 스가랴슥9:9를 인용하고 있다. "시온의 딸아, 두려워하지 말아라. 보아라, 네 임금이 어린 나귀를 타고 오신다."요12:14-15

하나님은 예수를 통해 죄와 더러운 귀신들로부터는 물론이고 인간의 원수들로부터도 자기 백성을 구원하셨다. 유대인들은 인간의 악만이 아니라 로마 압제자들로부터의 구원을 염원하였다. 예수의 제자 중 일부는 열심당이었는데, 그들은 로마인들을 팔레스타인 밖으로 몰아내고자 무력을 사용하려 했던 유대교 정치 집단에 소속된 사람들이었다.

마리아의 노래는 하나님께서 자기 백성을 그들의 원수들로부터 구원하심에 대한 소망을 노래하였다. "그는 그 팔로 권능을 행하시고[출6:6을 보라] 마음이 교만한 사람들을 흩으

섰으니, 제왕들을 왕좌에서 끌어내리시고 비천한 사람을 높이셨습니다."눅1:51-52

우선 여호수아와 달리 예수는 원수를 물리치는데 인간적인 군대를 사용하지 않으셨다. 예수는 거룩한 전쟁 전승, 즉 이스라엘 군대가 하나님을 도와 전쟁에서 승리하는 것이 아니라, 이스라엘 백성이 하나님을 신뢰함으로 그분이 싸우게 하는 최상의 것을 선택하셨다.출14:14; 사7:4, 30:15

예수께서는 원수들이 존재한다는 것을 아셨고, 그를 따르던 사람들이 고난을 받고 심지어 죽임을 당할 것임을 알고 계셨다. 하지만, 하나님께서 원수를 물리치시는 힘은 사랑의 힘이었다. 예수를 따르는 사람들은 원수를 두려워할 필요가 없었기 때문에,마10:28 통치자들과 왕들 앞에서도 복음을 선포할 수 있었다.막13:9-13

예수께서 체포되셨을 때, 예수는 베드로에게 예수를 보호하려고 가져왔던 칼을 거두라고 말씀하셨다.요18:11 그분은 로마 총독 빌라도에게, 하나님나라에 속한 그의 제자들은 싸우지 않는다고 말씀하셨다.요18:36 예수는 이사야 53장의 고난 받는 종과 같이, 부드럽고도 비폭력적으로, 그리고 사랑으로 싸우셨다.

예수께서는 무기를 들어 맞서 싸우기보다는 오히려 죽임

당하는 것을 허락하셨는데, 이는 그가 죽음조차도 하나님께서 가져다 주시는 승리를 막지 못하리라는 믿음이 있었기 때문이다. 이 일은 부활 때에 일어났다. 가장 중요한 기적은 하나님께서 예수를 죽은 자들로부터 일으키신 것이었다. 부활이란 바로 주의 날이 이르렀으며, 하나님께서 자기 백성을 구원하신다는 사실을 예수의 제자들에게 증명한 사건이었다.

베드로는 오순절 설교에서 요엘서와 주의 날에 일어날 표적과 기사를 인용하였다. 주의 날이 이르렀다고 베드로는 말하였다. 이제 백성은 죄를 떠나 하나님의 백성이 될 때다. 죽은 자들 가운데서 예수를 살리는 것은 하나님께서 죄와 사망에 대한 싸움에서 승리하였음을 증거하는 것이었다.행2장

신약성서의 나머지 부분도 거룩한 전쟁이란 언어를 사용한다. 사도행전에서 사도 바울은 하나님께서 그에게 고린도에 가서 가르치는 것이나, 로마에서 증언하는 것을 두려워하지 말라는 환상을 보게 되었다.행18:9-11; 23:11 에베소서 6장 10-20절은 우리에게 하나님의 전신갑주를 입으라고 가르치고 있다. "우리의 싸움은 인간을 적대자로 상대하는 것이 아니라, 통치자들과 권세자들과 이 어두운 세계의 지배자들과 하늘에 있는 악한 영들을 상대로 하는 것입니다." 그리스도인들이 소유해야 할 유일한 검은 하나님의 말씀이다. 이러한 전

신갑주를 입음으로써 얻는 효과는 복음을 선포할 때 갖게 되는 담대함이다. 요한1서 5장 4절은 말씀한다. "하나님에게서 태어난 사람은 다 세상을 이기기 때문입니다. 세상을 이긴 승리는 이것이니, 곧 우리의 믿음입니다." 고난 중에서도 그리스도인들은 압제자들을 두려워하지 말아야 하며, 악을 악으로 갚아서도 안 되며, 오직 그리스도를 주님으로 인정해야만 한다. 벧전3:9, 14-15

복음서와 서신서는 장차 모든 나라와 족속 가운데 평화가 임할 것이라는 예언자들의 환상을 신뢰하고 있다. 예수께서는 유대인뿐만 아니라 이방인도 치유하셨다. 초대 교회는 이방인과 노예들, 여자들을 교회 안에 포함하기로 하였다. 그리스도 예수는 이방인과 유대인 간에 세워진 장벽을 허무시고, 그들을 한 백성으로 삼으심으로써 평화를 가져오셨다. 엡2:13-15 교회는 실제로 평화가 무엇인지를 세상에 보여주는 모델이었다.

거룩한 전쟁이란 언어는 특별히 요한계시록에서 아주 빈번하게 등장하고 있다. 요한계시록은 국가가 그리스도인들을 박해하던 시기에 기록되었기 때문에 계시록은 미래의 희망, 하나님의 최종 승리를 표현하고 있다. 참된 영웅인 예수는 온유한 어린양으로 묘사되고 있으며, 그분의 검은 입에서 나오

는 칼, 즉 그분의 말씀으로 묘사되었다. 계2:16

요한계시록 1:17-18에서 인자는 "두려워하지 말아라"고 말씀한다. "나는 처음이며 마지막이요, 살아있는 자다. 나는 한 번은 죽었으나, 보아라, 영원무궁하도록 살아 있어서 사망과 지옥의 열쇠를 가지고 있다. 성령이 서머나교회에게 말씀하신다."

네가 장차 받을 고난을 두려워하지 말아라. 보아라, 악마가 너희를 시험하여 넘어뜨리려고, 너희 가운데서 몇 사람을 감옥에다 집어넣으려고 한다. 너희는 열흘 동안 환난을 당할 것이다. 죽도록 충성하여라. 그리하면 내가 생명의 면류관을 너에게 주겠다. 계2:10

창세기로부터 계시록에 이르기까지 성경은 거룩한 전쟁이란 주제에 의존하고 있다. 이집트에서 히브리 노예들의 탈출Exodus로부터 로마 세계에서 교회의 고난에 이르기까지, 거룩한 전쟁에 대한 부르심은 곧 하나님을 신뢰하라는 부르심이다. 그것은 하나님의 권능을 신뢰하라는 부르심이다. 그것은 사람의 방식이 아니라 하나님의 방식을 신뢰하라는 부르심이다.

14장

하나님이 거룩한 전쟁을 사용하시는 방법

이스라엘 역사에서, 우리는 그들이 원수들을 다루는 방식에 있어서 변화가 있었음을 감지할 수 있다. 초기에 그들은 전쟁, 심지어 추방과 같은 관습들을 수용했다. 바빌론 포로기에 그들이 받은 메시지는 그들은 고난과 겪어야 하며, 바빌론 종교에 대해 비폭력적으로 '아니오' 라고 말하라는 것이었다. 상황이 어찌 되었든, 하나님은 원수를 다루는 데 있어서 더 나은 방식으로 그것을 사용하실 수 있었다.

구약성서에서 이스라엘 백성은 남자들이 모든 경제력을 쥐고 있던 문화 속에서 살았다. 하나님의 율법은 그들의 전통

문화에서 벗어나야 한다고 백성에게 말씀하지 않으셨다. 대신 율법은 문화를 사용하고 변화시킴으로, 남성 우월주의를 초월해야 하며, 과부, 고아, 나그네에 대한 특별한 관심을 기울이도록 촉구하고 있다. 이 사람들은 자신들을 지원해 줄 성인 히브리 남자 한 사람도 가지지 못한 사람들이었다.

이스라엘 백성은 왕을 가진 나라들로 둘러싸여 있음을 깨달았다. 하나님은 자기 백성이 인간 왕을 갖기를 원치 않으셨다. 그러나 하나님은 왕정제도를 사용하여 사회를 발전시키기로 하셨고, 이 사회에서는 왕도 다른 사람과 마찬가지로 하나님의 율법을 배우는 학생에 불과했다. 다시 말해 왕은 공동체 일부분이었지 그 위에 군림하는 자가 아니었다.

이처럼 이스라엘 백성은 거룩한 전쟁을 국가의 적들을 다루는 방식으로 이해했던 고대 근동 문화에 자신들이 둘러싸여 있음을 깨닫게 되었다. 하나님은 백성에게 그들의 문화에서 벗어나라고 요구하지 않으셨다. 하나님은 초기 이스라엘 백성에게 히브리어를 말하는 것을 중단하라고 하지 않으신 것처럼 전쟁에 나가지 말라고 말씀하지도 않으셨다. 대신 하나님은 자신의 백성이 하나님을 신뢰하여 모든 싸움에 임하라고 말씀하셨으며 이것이 바로 거룩한 전쟁이 뜻하는 바라고 정의하셨다.

예언자들은 계속해서 백성에게 하나님만을 의지하라고 촉구하였다. 하나님은 계속해서 예언자들을 통해 자기 백성을 하나님의 방식으로 지도하셨다. 예언자들은 백성에게 죄를 회개함으로 하나님께서 그들에게 사랑과 자비를 베푸실 수 있게 하라고 요청하였다. 예언자들은 열방이 하나님을 알게 될 것이며, 그분을 예배하게 될 것이고 그들이 하나님 백성이 되어 모두가 평화롭게 사는 것이 하나님이 원하시는 궁극적인 목표라고 끊임없이 백성에게 상기시켰다.

이스라엘 전체 역사를 통해 하나님은 악한 관습일지라도 선을 위해 그것들을 사용하셨다. 하나님은 백성들이 범죄했을 때 자비와 용서를 베푸는 기회로 삼으셨다. 하나님은 계속해서 범죄한 백성에게 야만적인 앗시리아 군대를 통해 멸망시킴으로써 자신의 메시지를 전달하셨다. 하나님은 전쟁을 사용하셔서 자기 백성이 사랑과 비폭력을 향해 나아가도록 하셨다. 하나님은 항상 그곳에 있던 것을 선택하셔서, 선을 위해 그것을 사용하셨고, 그리고 난 후에는 백성에게 그것을 넘어서서 하나님께서 예비하신 더 나은 길로 들어가라고 요청하셨다.

15장

거룩한 전쟁의 의미

성경에 나타난 거룩한 전쟁을 개관함으로써 우리는 현재를 위해 어떤 교훈을 얻을 수 있을까? 여기에 몇 가지 생각해 볼 내용을 요약해 보고자 한다.

우리는 우리의 원수들로부터 우리를 구원하기 위해 하나님을 의지해야 한다.

이집트에서 탈출한 히브리 백성이 잠잠히 서서 하나님께서 그들을 위해 싸우시는 것을 지켜보았던 것처럼, 우리는 우리를 위해 원수들과 싸우시는 하나님을 신뢰해야 한다. 우리가 싸울 필요가 없다. 싸움을 준비하기 위해 더 크고 더 좋은 무기를 만들 필요도, 그러한 것을 사들일 필요도, 그리고 사람들에게 싸우라고 위협할 필요도 없다. 하나님의 힘은 모든 대적을 이길만큼 충분히 강하시다.

만일 우리가 하나님께서 우리의 대적들로부터 구원하실 수 있다는 사실을 신뢰하지 못한다면 우리는 우상숭배자가 되는 셈이다. 만일 우리가 하나님이 우리의 유일한 통치자이자 우리를 구원하실 수 있는 유일한 분으로 예배하지 않는다면, 우리는 무언가를 신으로 만들고, 그것에게 우리를 구원해 달라고 빌 것이다. 이스라엘의 왕들은 병거와 말을 의지하였다. 때로 우리는 하나님을 의지하거나 대적을 다루시는 하나님의 방식을 신뢰하기보다는 현대식 무기나 강대국과의 군사적 동맹을 의지함으로 우리를 구원하려고 한다.

우리가 원수들과 어떠한 관계를 맺고 있느냐는, 실제로 세상을 다스리는 분이 누구인지를 말해준다. 만일 우리가 악의 세력과 악인들이 세상을 다스리고 있다고 생각한다면, 우리가 그들만큼 강해지면 우리 스스로가 그것들을 제거하려고 노력할 것이다. 아니면 우리가 약하다고 생각한다면, 우리는 이러한 악을 두려워할 것이다. 구약성서는 우리가 강력한 군대를 가질 필요가 없다고 말씀하고 있다. 두려워해서도 안 된다. 하나님께서 진실로 우리 편이라면, 우리는 하나님께서 악의 세력과 악인들의 권세로부터 우리를 해방하실 것을 신뢰할 수 있다.

우리는 인간의 폭력이 아니라 하나님의 권세를 신뢰해야 한다. 고대 근동의 다른 나라들이 "하나님은 우리 편이시다"라고 말할 때, 그것은 하나님께서 칼로 싸우는 것을 돕는다는 것을 의미한다고 생각했다. 하나님께서 그들의 싸움을 통해서 역사 하실 것이라고 그들은 생각했다.

하지만, 이스라엘에서 거룩한 전쟁은 하나님께서 우리의 물리적인 힘을 통해서 일하시는 것이 아니라 하나님에 대한 우리의 믿음을 통해 일하시는 것을 말한다. 우리가 몇 명이나 되는지, 얼마나 강한지가 중요한 것이 아니다. 우리가 얼마나 하나님을 신뢰하고 있으며 원수를 두려워하지 않는지가 중요하다. 이스라엘이 군대를 소유했을 때 조차도 하나님은 기드온의 삼백 용사의 믿음을 통해 전투에서 승리하셨다. 그들의 군사적 힘을 통해서 승리하신 것이 아니었다.

이사야 40-66장에서 예언자는 다른 사람에게 고난을 가져다 주기보다는 믿음으로 고난을 받는 하나님의 종을 통해 승리를 가져올 것을 말하고 있다. 이방인의 통치 아래에서 고난을 받던 유대인들은 하나님께서 인간의 권세뿐만 아니라 우주적 권세를 가지고 싸우실 것이며 언젠가 그들을 자유롭게 하실 것이란 믿음을 가지고 있었다. 설령 죽는다 할지라도 우리는 하나님께서 마지막 날에는 승리하실 것이며, 하나님과 하나님의 백성이 진정한 승리자임을 믿는다. 구약의 마지막 부분에서 하나님을 위한 고난이 승리의 길이라는 개념이 시작되고 있음을 찾을 수 있다.

우리는 장차 하나님께서 모든 악에 대한 최종적인 승리를 가져다주실 것을 믿는다. 하나님의 백성이 겪는 현재의 고난은 최종적인 선언이 아니다. 언젠가 세상의 지배자가 되겠다고 주장하는 모든 세력 위에서 하나님이 권세를 가진 진정한 세상의 통치자라는 것이 명명백백해질 날이 올 것이다. 만일 우리가 악의 세력에 대한 하나님의 최종적인 승리를 믿는다면 우리는 기꺼이 그것을 기다려야만 한다. 우리는 현실의 원수에게 고통을 가함으로써, 혹은 그들을 죽임으로써 하나님의 승리를 성급하게 앞당기려고 해서는 안 된다.

만일 하나님께서 마지막에 가서 승리하실 것을 확신한다면, 우리는 이제 잠잠히 하나님의 구원을 기다릴 수 있게 된다. 현재 아무리 나쁜 일들인 듯 보인다 할지라도, 우리는 마지막에 일어날 일이 무엇인지를 알고 있다. 우리는 악의 세력에 대항하여 싸우려고 악의 수단을 사용해서는 안 된다. 우리는 최종적 결과를 알고 있기 때문에 악을 처리하시는 하나님의 방법을 사용해야 한다.

전사로서의 하나님 이미지는 성경에 나타난 하나님의 유일한 이미지라 할 수 있다. 구약성서는 하나님에 대한 많은 다른 그림 언어들을 사용하고 있다. 하나님은 또한 노예 상태에서 우리를 값을 주고 사신, 우리의 가장 가까운 친족인 "기업 무를 자"redeemer; 구속자이시다. 하나님은 자신의 신실하지 못한 아내가 신실함과 혼인관계로 돌아오기를 원하시는 인애하신 남편이시다. 하나님은 어린 새끼에게 조심스럽게 나는 법을 가르쳐 주는 어미 독수리이시다. 하나님의 지혜는 모든 사람에게, 비록 그들이 값을 치를 능력이 없다 할지라도 연회를 베풀고 그들을 초청하는 여주인이시다. 하나님은 아버지시다. 하나님은 불이시다. 하나님은 빛이시다. 하나님은 통치자시다. 하나님은 목자시다. 하나님은 토기장이시다. 하나님은 강한 바위다. 이러한 목록은 계속해서 이어진다.

이러한 이미지들 중 어떤 것들은 구약성서에서는 다른 것들보다 더 중요한 것들이다. 전사이신 하나님의 이미지는 성서 전체에 걸쳐 나타나 있다. 하지만, 어떠한 단 하나의 이미지가 하나님이 어떤 분이신지에 대한 그리고 평화를 만드시는 하나님의 방법에 대한 전체적인 그림을 제공해 주지 않는다. 만일 우리가 하나님에 대한 이미지를 한 가지로만 제한

한다면, 하나님에 대한 우리의 그림은 왜곡될 수밖에 없다. 그렇게 되면 우리는 우리가 가장 좋아하는 이미지 형태로 하나님을 제한하는 위험에 빠질 수밖에 없게 된다.

"너를 위하여… 어떤 형상images도 만들지 말며"출20:4;개역개정라는 십계명은 한 가지 이미지전사, 토기장이, 아버지, 또는 황금 송아지만을 선택하여 그것을 하나님이라고 부르지 말라고 요구한다. 우리는 하나님을 보기 위한 수많은 이미지가 필요하며, 그런 상황에서조차도 하나님을 완전히 이해할 수 없을 것이다.

하나님은 세상의 만백성이 하나님 백성으로 돌아오기를 원하신다. 예언자들의 환상은 열방이 하나님을 예배하는 장소인 시온으로 흘러들어오는 것에 대한 것이다. 그때 평화가 임할 것이다. 과거로부터 하나님을 알아 왔던 조상만이 하나님의 백성이 아니라 지금 하나님을 아는 외국인을 포함한 모든 사람이 다 하나님의 백성이다.

"하나님의 백성"은 세상의 정치적 경계선을 추종하지 않는다. "하나님의 백성"은 전 세계의 모든 남자와 여자들을 포함한다. 참된 하나님을 예배하는 모든 사람을. 이러한 사람들의 정치적 충성은 하나님과 하나님의 백성에게만 향하고, 세상을 지배하고자 하는 느부갓네살은 거부한다. 하나님나라의 일부분인 그들에 대항해 우리가 어떻게 싸울 수 있단 말인가?

만일 우리가 하나님의 백성에 속해 있다면, 우리는 하나님의 환상, 칼을 쳐서 보습을 만들고 창을 쳐서 낫을 만드는 모든 족속과 언어의 새로운 백성 공동체를 공유할 것이다. 다시는 전쟁을 준비하지 않고, 한 때 전쟁 무기였던 것을 인류를 위한 식량을 생산하는 데 사용하는 하나님의 공동체를 꿈꾸어야 한다.

하나님은 인류를 위한 목적을 가지고 계신다. 하나님은 모든 백성이 그들의 안전을 위해 하나님을 신뢰하길 원하신다. 하나님은 모든 백성이 그들을 위해, 하나님의 방법으로 악에 대한 전투에서 승리하길 원하신다. 하나님은 모든 백성이 하나님의 공동체에서 평화롭게 살기를 원하신다.

더 읽을거리와 연구 도서

읽기 쉬운 책

Eller, Vernard. *War and Peace from Genesis to Revelation*. Scottdale, Pa., and Kitchener, Ont.: Herald Press, 1981. (또한 본서는 1973년 *King Jesus' Manual for Arms for the Armless*로 출판되었다.)

보다 진지한 연구를 위해서

Craigie, Peter C. *The Problem of War in the Old Testament*. Grand Rapids, Mich.: Eerdmanns, 1978.

Hanson, Paul D. *The Diversity of Scripture: A Theological Interpretation*. Philadelphia: Fortress Press, 1982. (이 책은 성서적 해석에 대한 보다 광범위한 이슈를 다루고 있다.)

Lind, Millard. *Yahweh Is a Warrior: The Theology of Warfare*

in Ancient Israel. Scottdale, Pa., and Kitchener, Ont.:
Herald Press, 1980.

Miller, Patrick D., Jr. *The Divine Warrior in Early Israel.*
Cambridge, Mass.: Harvard University Press, 1973.

von Rad, Gerhard. *Der heilige Krieg im alten Israel.*
Goettingen: Vandenhoeck & Ruprecht, 1952. (조만간 영어로
번역될 예정이다.)

Yoder, John H. 「예수의 정치학」(IVP, 2007년) 특히 4장을 보라.
--「근원적 혁명」(대장간, 2011년)